행복 합의

행복 합의

초 판 1쇄 2022년 05월 26일

지은이 笑軒 서혜주
펴낸이 류종렬

펴낸곳 미다스북스
총괄실장 명상완
책임편집 이다경
책임진행 김가영 신은서 임종익 박유진

등록 2001년 3월 21일 제2001-000040호
주소 서울시 마포구 양화로 133 서교타워 711호
전화 02) 322-7802~3
팩스 02) 6007-1845
블로그 http://blog.naver.com/midasbooks
전자주소 midasbooks@hanmail.net
페이스북 https://www.facebook.com/midasbooks425
인스타그램 https://www.instagram.com/midasbooks

© 서혜주, 미다스북스 2022, *Printed in Korea*.

ISBN 979-11-6910-025-0 03190

값 15,000원

미다스북스는 다음세대에게 필요한 지혜와 교양을 생각합니다.

따로 또 같이, 행복해지는 방법에 대하여

행복 합의

笑軒 **서혜주** 지음

미다스북스

이 책은 자신의 삶 속에서 행복의 요소를 찾고자 하는 저자의 '자기 합의'이자 '행복 체험담'이다. 행복이라는 화두를 워킹맘의 생활 속 수다로 풀어냈다. 본성을 찾는 것을 소를 찾아 길들이는 과정에 비유하여 그린 선화(禪畫) '십우도'처럼 자신의 이야기 속에서 '행복'의 공통분모를 찾고자 했다. 동시대를 살아가는 워킹맘이나 마음공부에 관심 있는 현대인들에게 '생활 속 수행 엿보기' 책으로 추천한다.

－ 조운호, 하이트진로음료(주) 대표이사

나는 행복한가?

너는 행복한가?

'우리는 불행하다'라는 문장에 작가만의 감성과 이성으로 일상의 체험을 맛깔나게 풀어준 행복에 이르는 길이다. 행복 합의 전문가 서혜주 작가의 '행복'이란 선물을 독자 여러분께 추천드린다.

- 임현진, 서울대 명예교수, (전)한국학중앙연구원 이사장

50여 년 세월…, 반세기를 천직으로 알고 한복만 만들며 살아왔어요. 서혜주 작가의 『행복 합의』를 읽어보면서 제 삶 속에 행복이란 무엇이었을까 생각하게 되었어요. 살아온 날은 축복이고, 살아갈 날은 행복이란 생각이 마음속에 잔잔히 피어오르게 하는 책을 독자 여러분도 느껴보시길 바랍니다.

- 김정아, 한복 명인

하루하루 정신없이

눈썹이 휘날리도록 달려가는

현대인의 하루하루 속에서,

자기 자신들의 찐 모습을 찾아가는

기분 좋은 수다방처럼,

낱말 하나하나, 문장 하나하나가

이심전심의 너그러운 바다로

풍~덩 빠지게 하는

따뜻한 서혜주 작가만의 매력이 느껴집니다.

긴 부연 설명 필요 없이

그냥… 참 행복해집니다.

- 조병석, 여행스케치 리더

말은 마음의 소리라고 했던가?

작가의 말과 글을 보면서 삶의 성실함과 통찰력이 느껴진다.

'밝음'과 '긍정', '희망'이 일상의 통찰 속에 담겨 있는

서혜주 작가의 『행복 합의』는 너무나 술술 읽힌다.

독자 여러분께서도 그 행복을 가슴으로 공감하기 바란다.

— 마성만, 『고수, 바닥에서 일어선 구인 열전』 저자 / 마케터

이것은 내 생애 '첫 번째' 책이다.

'첫 번째'에는 두 가지 뜻이 있다.

우선 순서를 나타내는, 글자 그대로 처음이라는 의미가 있다.

또 다른 하나에는 다음을 상정하는, 그러니까 두 번째 책의 탄생을 예고하는 강력한 의지가 포함된다.

글짓기와 관련한 나의 소사를 잠깐 더듬어보고자 한다.

기억하는 가장 오래된 대외적인 글짓기는 초등학교 3학년 때 대구 MBC가 주최했던 '엄마와 함께' 백일장이었던 것 같다. 그때 나는 산문부 차상으로, 함께 출품한 엄마는 아마도 운문부 장원으로 입상하였을 것이다. 글을 지속적으로 썼더라면 좋았을 터이지만 중·고등학교 시절은 공부를 핑계로 암흑기나 다름없었다. 1996년 가을, 직장인 삼성SDI에서 임직원 백일장이 열렸을 때 '잃어버린 우산'이라는 제목으로 상과 함께 부상을 받았다. 상품권으로 공제회관에서 뻐꾸기시계를 샀는데, 정각이면 뛰어나오는 뻐꾸기가 자신의 존재감을 뽐낼 때 흡족해하며 행복했던 기억이 난다. 삼성전자 기술총괄 재직 시에는 온라인 뉴스레터에 칼럼니스트로 활약하기도 했다.

어느 해에는 아동문학가 친구가 추천해준 잡지 〈사과나무〉에 우리 가족의 이야기가 실렸다. 그는 나를 마르지 않는 우물에 비유하며 '여기 한 우물이 있으니'라는 황송하기 짝이 없는 제목으로 글을 써주었다. 회사 이벤트에서 만든 세상에 하나뿐인 나만의 책 7권이 거실 책꽂이에 꽂혀 있다. 스스로는 정신적인 유산으로 여겨 후에 3남매에게 나누어줄 마음이다.

2007년 퇴직 무렵, 종로구에서 주최한 백일장에서 가족을 주제로 한 글로 차상에 뽑혀 상장과 상금을 받았다. 지인의 입김으로 지역 신문 한 곳에 사진과 함께 퇴직 유감의 기사가 실리기도 하였다. 서울특별시교육청 산하 진학 사이트에 학부모 자격으로 '홍익의 꿈'에 대해 쓴 글이 채택되어 내 목소리가 KBS 라디오 방송을 탔다. 작가님의 차 안에서 빗소리를 들으며 잔잔하게 녹음했던 그 봄날이 떠오른다.

여성가족부의 멘토-멘티 제도 시행 후 응모한 경험담 중 내 글이 뽑혀 정부 발행지에 실렸다. 첫아이 초등학교 입학식 날 등에서 잠든 세 살배기 막내와 함께 찍은 사진을 편집하여 냈다. 복지 분야의 글로 50만 원의 상금을 받기도 했다. 낯선 일반 번호라 받지 않아 몇 번이나 부재중이 되자 문자가 왔고, 그제야 수상 소식을 알게 되었다. 모 단체에서 진행한 우리말에 대한 독후감으로 입선하기도 하였다. 아마도 글짓기로 올린 내 생애 최고의 개가는 3대가 참여하는 괌 여행 프로젝트에 당당히 1위로 뽑힌 일일 것이다. 경쟁률이 수천 대 일은 족히 되었으리라.

이상이 기억나는 것으로 거의 전부이다. 반백 년 동안의 사건이라고 하기엔 태부족이다. 지난 시간, 책벌레 문학소녀는 결코 아니었지만 삶의 굽이굽이마다 글은 늘 곁에 있었다. 하나하나 기억을 되살려 적어보는 동안 가슴 저 깊은 곳에서의 작은 빛이 점점 커져서 그 따뜻한 에너지가 온몸을 가득히 채움을 느끼겠다.

엄마가 되고 엄마로 살아가는 경험은 진정 복되고 경이로운 것이어서 오랜 시간 아이들이 세상의 전부였다. 그때 열정적으로 쓰고 만들었던 나만의 책들이 오늘 이 기쁨의 마중물이리라 믿어진다. 준비가 기회를 만나면 기적이 된다고 한다. 우월한 유전자의 영향에 더해 단련된 글쓰기가 기적을 낳았고 앞으로도 꾸준히 기적을 창조해나가고 싶다. 나의 글쓰기와 연장선상에 있는 확장된 책 쓰기는 다분히 엄마로서의 경험에 힘입은 바 크다.

그러면, 이 일련의 행위들은 무엇을 위해 무엇을 향해 나아가고 있는가?

오래전부터 '세상에 대해 할 말이 많은 나'라고 스스로를 표현해오고 있다. 내면의 다양한 표현 욕구가 나의 경우는 음악이나 미술, 체육과는 거리가 있고 그나마 일천한 재주가 글의 형태로 표출되는 것이 아닐까 한다. 나의 미래의 꿈과 희망을, 과거의 영욕을, 현재의 삶을, 곧 나의 이야기를 기록을 통해 보다 무심하게 풀어냄으로써 궁극적으로 행복으로 나아가고자 한다.

우리는 시작은 사랑받기 위하여, 과정은 공부하기 위하여, 결론은 행복하기 위하여 스스로 선택해서 이 세상에 왔다. 결국, 행복에 대해 쓰고 싶었던 것이다. 행복은 보편적이면서 동시에 지극히 개인적인 범주여서 저마다 다른 경험에서 공통의 씨앗을 추출하여 행복을 양산하는 것들을 엮어보았다. 한 사람은 곧 인류를 대표하니 그의 행복 사건들은 인류의 공감을 불러올 수 있다는 믿음이다.

누구나 행복을 추구하지만 정작 행복은 가까이에 있더라는 어릴 적 동화 파랑새를 기억한다. 살아보니, 행복은 진정 내면에서 찾음이 맞는 것 같다. 내부에, 내 안에 힘과 답이 있는 것 같다. 지금 이 순간 당장 마음먹기에 따라 행불행이 결정된다. 삶에 대한 태도는 내가 결정하는 것이다. 곧, 행복은 자기만족이고 전적으로 자기 선택적인 영역이다.

그것을 무어라 부르면 좋을까. 그래, 어려서부터 막연하게 구도심이란 게 있었나 보다. 우리 내면에는 노력 여하에 따라 드러나거나 끝끝내 숨은 채로의 구도심이 있다. 그 마음이 이끄는 대로 나의 참 내면의 소리를 듣고자 하며 궁극적으로 행복으로 나아가고자 하는 삶을 살아온 것 같다. 의도적인 노력에 의해 시간이 갈수록 깊어지는 자신을 발견하고 스스로 얼마나 고유하고 존귀한 존재인지 깨닫게 되었다. 감사와 사랑이 충만해졌다. 행복감, 환희심, 의식의 고양 등은 더불어 찾아온 선물이다. 가지 않은 길은 상상불가이듯 지금의 내가 아닌 모습은 그리기가 어렵다. 나는 언제나 그때의 내가 좋았다.

삶에 대한 근원적인 질문과 더불어 길을 묻는 우리는 그래서 구도자이고 도인이다. 평생의 우리 삶이, 현실이 곧 도량/도장이라고 한다. 오늘 복잡다단한 대한민국을 사는 우리가 따로 또 같이 행복할 수 있는 다양한 방법에 대해 적어보았다.

이 책은 삶의 의미를 행복하기로 합의 본 나의 작은 듯 크고 특별한 체험담이다. 스스로 깨달은 행복 합의의 방법을 진솔하게 써보았다.

1장에서는 모든 시작인 관찰하기를 다루었다.

순간, 감정, 의식, 가치, 경계, 허공 등 나와 나를 둘러싼 세계를 관찰하는 데서 행복이 시작한다.

2장은 관찰로 서서히 눈을 뜬 후 알아차리는 단계에 대해 적었다.

혼자 있을 때 신독과 상상을 한다. 인과의 법칙과 정화의 원리를 알고 스스로 창조의 주체가 되고 전후 변화를 알아차리며 행복으로 나아간다.

3장에서는 관찰하고 눈 뜬 우리의 실존인 존재함에 대해 말하고 있다. 따로 또 같이.

간절함의 태도로, 정성과 정직과 책임감을 가지고, 소유와 통찰에 대해서 사유하면서 그곳에 존재한다.

4장은 존재하며 흐름 속에서 더불어 살아가는 단계를 그렸다.

각자가 역할이 있다. 인정하고 인정받으며, 조율하고, 주고받는 거래 속에서 공부하다 마침내 근원으로 돌아간다.

5장은 받아들이거나 내려놓는, 함께할 때의 태도를 다루었다.

인연 속에서 웃음을 잃지 않고 배우고 공명하며 날마다 성장을 꿈꾼다.

'내 이름으로 된 책을 쓰고 싶다'고 생각했던 십수 년 전의 다짐을 지킬 수 있어 말할 수 없이 기쁘다. 기회를 주신 하늘께 감사하고 이루어낸 스스로를 토닥토닥해준다.

독자 여러분도 나의 행복법에 대해 공감하신다면 한 가지 이상을 삶에서 체화해보는 경험을 꼭 해보시기를 권한다. 삶이란 결국 체험과 그 느낌만이 남는 것이니 말이다.

"거거거중지(去去去中知) : 가고 가고 가는 중에 알게 되고

행행행이각(行行行裏覺) : 행하고 행하고 행하는 중에 깨닫게 된다."

—『도덕경』

목 차

1장

관찰하기
───────
**모든 것의
시작**

4장

살아가기
─────
흐름

5장

함께하기

**받아들이거나
내려놓거나**

HAPPINESS CONSENSUS

1장

관찰하기

모든 것의 시작

세계 7대 불가사의가 무엇인가? 피라미드, 만리장성, 타지마할 등등?
영어 교과서 속에서 어느 소녀가 말했다. 눈으로 볼 수 있고, 코로 냄새 맡을 수
있고, 입으로 말할 수 있고, 귀로 들을 수 있고, 온몸으로 느낄 수 있는 것이 참
기적이라 생각한다고.

이왕 태어난 세상. 절대자 신과 그를 대신한 부모님이 주신 몸의 감각기관과 의
식의 창을 온전히 열어 세상과 신나게 만나보자. 우주의 중심인 나를 먼저 관찰
해보고 이웃과 누리로 확대해보자.
현자들뿐만 아니라 많은 범인들이 입을 모은다. 우리 각자가 얼마나 귀한 존재
이고 삶 또한 얼마나 경이롭고 멋진 것인지 말이다. 그 진리를 온몸으로, 온 마
음으로 벅차게 느껴보자.

생은 모든 순간들의 총합. 내 감정과 의식과 가치와 경계와 허공을 관찰해본다.
그렇게 행복으로 가는 여정을 하나하나 시작해본다.

수많은 특별한 순간
타인과 공감하고 소통하는 고귀한 감정
문득 깨닫게 된 내 의식의 수준
머리를 주억거리게 되는 생의 참 가치
찰나에 허물어지는 우리 사이의 경계
언제나 함께인, 빈 듯 꽉 찬 허공
나만의 체험 관찰하기로 행복에 합의해보자.

1

순간 : 행복을 이루는 최소의 시간 단위

/

행복은 행복한 순간을 경험하는 데서 옵니다.
그리고 행복은 느낄수록 더 많아집니다.
어느 날 당신은 5분간 행복을 느낄 것입니다. 그 5분이 한 시간이 되고,
그다음에는 행복한 저녁을, 더 나아가서는
행복으로 가득 찬 하루를 보낼 수 있게 됩니다.
– 엘리자베스 퀴블러 로스 · 데이비드 케슬러, 『인생 수업』

섣달 그믐날이었다. 내일이면 진짜 새해가 시작되는 설이다. 아르바이트 면접 간 둘째가 어디쯤일까 싶어 3시쯤 전화를 걸었을 때 인사동이라고 했다. "우리도 나갈까?" 여기서 우리란, 아들을 뺀 나와 막내를 지칭한다. 귀한 명절 연휴가 아닌가. 음식은 다 해놓았겠다, 큰 일거리가 없었다. 아직 해가 있을 때 나가고 싶었다. 가는 해의 마지막 해인 셈이다. 엄마와 언니의 전화 내용을 듣던 막내가 방에서 튀어 나오며 "우리 외식해?" 하더니 "우와앙, 신난다. 꽃단장해야지." 하며 제일 신나 한다.

밖으로 나왔다. 어머, 오늘 날씨 왜 이래? 음력 설 전날이 진정 맞는 것인지? 거짓말 조금 보태어 봄날이었다. 3일 전 아들이 입대한 나의 쓸쓸한 마음을 단박에 녹여주는 훈풍이 불고 있었다. 어떤 상황에서도 불변의 마음속 태양을 믿고 있지만, 실제 해님만이 줄 수 있는 따사로운 기운에 힘입어 더욱 기분이 좋았다. 버스를 타고 가는 중에 둘째가 또 연락을 해왔다. "응, 우리 거의 다 왔어." 그러나 둘째의 용건은 애초에 정한 약속 장소를 변경해야겠다는 것이었다. 미리 가 확인해보니 코로나로 7시까지밖에 하지 않는다는 거다. 7시면 좀 짧지 않은가. 그러나 이런들 어떠하리, 저런들 어떠하리. 설마 그 넓은 동네에 느긋하게 밥 먹을 데가 없으려고? 인사동 나들이 때면 우리 가족 부동의 목적지였던 그곳은 오늘 그녀들의 낙점을 받지 못했다.

버스에서 내려 인사동으로 진입하고서도 조금 걸었다. 발걸음이 곧 날 것 같다. 곧이어 둘째가 시야에 나타났고 셋은 팔짱을 끼고 대로를 활보했다. 배고픈 아이들에게 한시바삐 무언가를 먹여야 했다. 얼마 지나지 않아 우측으로 대형 쇼핑몰이 보였다. 음식점과 각종 매장들로 그 큰 건물이 다 채워져 있었다. 음식 취향이 달라도 한 끼 정도는 양보하여 맞추면 그만. 중요한 건 메뉴가 아니라 마감 시간이었다. 외부에 붙은 먹음직

스런 사진을 보고 들어갔건만 생각했던 메뉴가 아니고, 어떤 곳은 이 황금 시간에 30분간 브레이크 타임이란다. 이윽고 결정한 곳은 낙지와 곱창과 새우의 삼합을 주 메뉴로 하는 곳이었다. 언제부턴가 아이들과 음식점엘 가면 메뉴 고르는 일에서 짐짓 뒤로 빠지는 나는 이번에도 "너희가 알아서 골라." 하며 핸드폰을 보기 시작했다.

'설인데 혹시나 오지 않을까?'

마침 이사 관련한 전화를 한 통 받았고, 음식이 나오기 전 모르는 번호가 두 번째로 떴다. 이제까지의 나는 낯선 전화는 거의 받지 않는 편이었다. 그런데 사람은 언제 어느 때고 유연해야 한다. 상황에 따라 판단과 대처를 잘 해야 한다. "얘들아, 엄마 이거 받을까 말까?" 딸들에게 물었다. 오오, 세심하면서 겁도 많은 나는 이렇게도 물었다. "모르는 번호 받았다가 문제될 일 크게 없겠지?" 걱정이 과해도 너무 과하다. 엄마의 질문에 시큰둥하게 혹은 조금은 진지하게 턱으로 고갯짓으로 반응하는 딸들을 눈으로 보면서 전화를 받았다. 그런데 직전에 무언가 특별한 느낌이 있었다.

"여보세요?"

"여보세요?"

"ㅇㅇ이니?"

"어!"

와아아아아아, 그것은 아들의 전화였다! 받기 직전 느꼈던 묘한 직감은 아들임을 알았던 거다. 이른바 여자들의 촉, 엄마의 촉, 특히나 자식과 떨어져 있을 때 텔레파시로 느끼는 엄마의 촉이었던 것인지. 신통방통하고 기쁘기가 말할 수가 없었다.

설이라고 부모님께 전화하라 해서 하는 거란다. 감사합니다. 감사합니다. 그때부터 나는 이 황공한 상황에 허둥지둥 정신이 없었다. 떡국도 못 먹이고 보낸 설 전 입대가 영 마음에 쓰였는데 이렇게 배려해주시니 참으로 고마웠다. 특별한 날과 거리 먼 보통 때의 입대라면 꼼짝 없이 훈련 기간이 끝나야 들을 수 있을 첫 목소리가 아니던가. 입소일 오후 1시 7분, 부대 정문 앞에서의 마지막 통화 후 3일 만이다. 여유가 있으리라 생각하다 하릴없이 신호가 끊겨버렸을 때의 막막함이라니. 전화가 끝나고도 얼어붙은 듯 핸드폰을 멍하게 들고 있었다. 약속대로 다음 날로 군인 요금제로 바꾸며 5주간 핸드폰을 정지시킨 바람에 자기 전화로 못 하고 부대의 높으신 분-최말단 훈련병 신분보다는-인 조교님의 폰으로 전화를 해온 것이다.

잘 있니? 뭐 필요한 건 없어? 마스크가 얼굴에 잘 맞니? 줄이 안 맞아 아파서 가져 간 밴드를 붙이고 있다고 한다. 저 질문을 하게 된 배경이 있다. 아들 떠난 날, 통곡과 멍 때리기, 옛 사진 찾아보기로 퉁퉁 불은 눈으로 밤을 새다 발견한 인터넷 속 카페가 있다. 거기엔 대한민국 군인 관련한 각종 정보들이 총망라되어 있었다! 보면 볼수록 이런 보고가 있나, 감탄을 금치 못하였다. 아들 입대 전에 알고 찾아온 부모도 있었지만 나도 빠른 편에 든다. 한 이틀 열심히 판 덕에 요긴한 정보를 많이 입수하였다. 그 중 하나가 마스크 사이즈 문제. 우표가 더 있었으면 좋겠다고 한다(짜식, 10장으로 모자라다고? 오냐, 그중에 엄마한텐 몇 편이나 쓰나 보자). 폰이 정지 상태라 재난 문자 등 아무것도 안 되니 당장 폰을 쓸 수 있게 살려달란다. 재난 문자로 동선 파악이 되시는 군인님의 현실 상황을 깨닫는다.

영상세대인 아들은 경험이 희박하겠지만 그 옛날 공중전화에서 돈을 더 넣으라고 깜빡깜빡 신호가 오듯 남은 시간이 보이는 모양이다. 1분 남

앉어, 하더니 어느덧 10초 남았어, 까지……. 그 지점이 되니 나는 마음이 더 바빠졌다. 아들이 무어라고 말문을 떼는 데 중요하지 않다고 자체 판단, 그런 건 됐고, 시끄럽고, 지금 시간이 없는데 말이야, 가 튀어나왔다. "우표 같은 것, 네가 그 곳에서 할 수 있는 건 스스로 현명하게 지혜롭게 알아서(사든지 옆의 친구(전우)에게 요령껏 빌리든지) 하고 엄마는 밖에서 할 일을 할께! 사랑한대이! 아들아, 사랑한대이!" 그러자 폰 저 쪽에서도 오랜만에 듣는 대답이 들려왔다. "어, 엄마, 나도 사랑해." 그리고 순식간에 1번 동생, 2번 동생에게도 핸드폰을 넘겨 목소리만 짧게 서로 교환하였다.

상대를 확인한 이후 정신을 수습하고 5분여를 녹음한 파일에서 나의 경박함은 여실히 드러났다. 나중에 들어보니 가관도 아니었다. 평소보다 더 빠른 말의 속도도 그렇거니와 무엇보다 상대는 아랑곳없는 완벽한 독백이 말이다. 무자비하기가 이루 말할 수가 없다. 애 말은 듣지도 않고 내 할 소리만을 떠들고 있었다. 그러나 아무럼 어때, 폰 너머에 내 아들이 있었다! 생사 확인, 그거면 충분했다! 아들은 전화선 너머에, 두 딸은 눈앞에 있다. 천하를 다 가졌다. 누구도 부러울 게 없는 그 순간! 며칠 만에 다시 찾은 완전함이라 더욱 값졌다.

마침내 전화가 끊겼다. 이상하게 자리 앉을 때부터 입맛이 없던 나는 통화 후엔 숫제 입맛과 함께 넋도 잃었다. 아예 숟가락을 놓고 방금 전 녹음 파일이 사라지기라도 할 새라 얼른 가족 단톡방으로 옮겨놓고서야 안도를 한다. 그날 나는 절체절명의 순간이란 것을 강렬하게 체험했다. 엄마의 육감이 발휘되어 천금 같은 기회를 잡은 순간과 모든 것이 사라진 후의 허탈한 순간. 누구에게나 삶의 시간이 한정되어 있지만 평상시는 잘 깨닫지 못하고 산다. 그러나 생명체는 언젠가 끝이 있다. 마침내 공중전화 잔돈이 다 떨어져 뚜뚜뚜 하는 신호음을 쓸쓸하게 들었을 때, 인사말을 끝으로 사랑하는 아들의 목소리가 속수무책으로 사라지고 마는 경우, 마침내 우리의 생명이 다 하는 순간. 잘 살기보다 열심히 살 일이다. 잘 사는 건 남들이 평가할지 모르겠으나 열심히는 스스로가 안다. 가열차게 살 일이다. 오늘이, 지금 이 순간이 마지막인 것처럼. 매 순간 뜨겁게 살고 싶다.

입대 전 둘이 미리 약속한 것이 있다. 처음 걸었을 때 내가 못 받으면 곧이어 한 번 더 걸어달라는 것. 군인 아들의 첫 전화를 이런저런 연유로 놓치고 자신의 부주의함을 탓하는 엄마들이 부지기수더라. 이후 나는 두 번째, 세 번째 전화도 귀신같이 다 받아냈다. 엄마 닮아 사격을 잘해 따낸 행운의 포상 전화까지 말이다. 세기의 사진이 순간 포착에서 나오듯 사람은 순간에, 찰나에 강해야 한다.

　아버지 49재가 끝나면 그간의 소요 경비 포함, 먼 길 혼자 왔다 갔다 하느라 수고했다고 엄마가 금일봉을 주시기로 했다. 화요일 막재가 끝나고 목요일에 친정에 갔다. 둘째가 다음 날까지 대학교 등록을 해야 했다. 최대한 무겁지 않고 가볍게 말을 건넸다. 평상 시 같지 않게 우회가 아닌 정공법으로 말했다. "엄마, 돈 얘기 좀 하자. 하하." 말해놓고 스스로가 놀라웠다. 내가 이런 말을 할 수 있다니……. "요번에 주시기로 한 돈이예요." 엄마와 하기 어려운 대화 주제가 몇 있는데 돈도 그중 하나다. 말이 채 끝나지도 않았는데 "그래, 이번엔 내가 좀 여유가 없네." 하신다. 그렇게 한마디로 싹 잘라버렸다. 일차에 꺾이면 이차 진행을 할 줄 모른다, 나는. 용기와 의지가 동시에 상실되고야 만다. 그것이 참 이상했다. 또 하나가 이상했다. 엄마는 약속을 잘 안 어기는데…….

　그리고 2주쯤 지났나 보다. 이사로 거리가 멀어진 이후, 자주 뵈러 가야 하지만 소심한 나는 그 일이 걸려선지 선뜻 마음이 내키지 않았던 게 사실이다. 직전까진 주 1회 외박도 하곤 했었는데……. 근처에 볼일이 있던 토요일 오후, 모임에서 얻은 도시락 하나와 맛있게 구워진 고구마를 사서 예고 없이 엄마에게 갔다. 토요일 오후는 집이 더욱 고요하다. TV 프로그램 〈불후의 명곡〉에서 봄맞이 기획으로 장사익님과 최백호님이 나오는 것을 같이 보았다. 아는 노래들은 흥얼흥얼 따라 부르기도 하였다. 희망찬 봄날을 주제로 한 공연이 기분을 좋게 하였다. 저녁을 먹는데 같이 TV를 봐서 너무 좋았다 하신다. 순간 마음이 짠하다. 더불어 보통 때의 200프로 인상된 용돈을 차비로 주신다. "한 달에 두세 번은 꼭 올게." 포옹 후 나왔다. 엄마에게 갔다 올 때면 늘 마음이 애틋하다. 한 10분쯤 걸어 나와 지하철을 막 탔을 때 엄마로부터 카톡이 왔다. "기업은행으로 ○○○만 원 보냈다. 필요한 데 쓰도록 해라. 건강 조심하고."

문득 이 말이 생각났다.

"갈까 말까 할 때는 가라. 살까 말까 할 때는 사지 마라. 말할까 말까 할 때는 말하지 마라. 줄까 말까 할 때는 줘라. 먹을까 말까 할 때는 먹지 마라."

– 최종원, 『인생교훈』 중에서

그때, 내 급한 마음에 내 얕은 마음에 섭섭함을 느꼈을 때 그럼에도 불구하고 아무 말하지 않은 게 참 잘했다 싶었다. 참은 것이 잘했다. 상황이란 게 있었을 테고, 엄마가 어련해서 그러셨을까. 하신 약속이 있었는데, 마음에 걸리셨으리라. 참는 것은 복이다. 세 치 혀가 복도 부르고 화도 부른다. '말할까 말까 할 때는 말하지 마라.' 여타의 경험에서도 진리다.

낯선 전화를 받을까 말까 하다가 받고 보니 아들이었다. 할까 말까 하는 선택의 순간에 느낌을 따랐더니 복이 따랐다. 그러한 기적적인 순간은 특별한 경우고, 일상의 순간들이 모여 행복을 이룬다. 그래서 순간은 행복을 이루는 최소의 시간적 단위이다.

2

감정 : 수시로 입고 벗는 옷과 같은 것

/

우리 의지대로 바꿀 수 없는 일을 걱정하지 않는 것이
행복에 이르는 방법입니다.
– 에픽테토스

나의 심리학에 대한 첫 관심은 대학 1학년 1학기 때 '인간 행동의 심리적 이해'를 교양 과목으로 들으면서였다. 입학 전에 이런 매력적인 학문을 몰랐다니! 심리학은 과학이며, 심리 이해를 잘하면 나와 상대의 확률적인 행동을 유추하기가 쉽다는 거다. 많은 심리학자와 그에 따른 다양한 이론들, 실험과 통계 등 인간의 내면적 마음이 외양적 행동으로 나오는 것에 관심이 많았다. 학과 동기들 여럿이 수강 신청을 했었고, 쉬는 시간 관련한 재미난 이야기도 곧잘 나누었다. 리포트를 잘 썼고 시험도 잘 보았는지 A 학점을 받았다. 이십여 년 뒤 그때의 관심과 끌어당김의 법칙에 의해 그 길을 걷게 될 줄 그땐 미처 알지 못했다.

이후 회사 생활 초창기부터도 나는 심리 쪽에 호기심이 많았다. 사내에서 퇴근 후 열리는 특별 강연회는 관심 있는 소수가 일부러 시간을 내서 듣는다. 어느 늦은 저녁, 외부의 남자 상담가가 와서 진행한 2시간 동안 마음에 남는 최고의 단어는 핵심 감정이었다. 어린 시절부터 현재까지의 사건들 중에서 기억나는 감정을 떠올려보라. 이는 후에 대학원에서 개인 심리학자 아들러 수업에서 만 5세까지의 기억 중 사건과 감정, 생각 등을 상기해보라고 한 것과 유사했다.

3월 중순생인 내가 100일을 맞은 것은 6월 하순이었다. 아마도 흑백 백일 사진이 공식적인 나의 첫 사진일 텐데 뒷면에 날짜 도장도 찍혀 있었다. 1,750g의 미숙아로 태어났지만 100일 동안 그래도 살이 많이 붙어 오동통하고 제법 아기다웠다. 점박이 반팔 원피스를 깜찍하게 입고 있었다. 아직 고개를 제대로 가누지 못하는 아기 혜주는 모로 꺾은 고개를 하고 앞의 어딘가를 응시하고 있었다. 앉혀 놓은 의자 뒤에 쪼그리고 앉아 나의 몸을 한 손으로 받치느라 드러난 손은 엄마의 손이었을 거다. 그런데 왜 그 아무것도 모르는 것처럼 보이는 아기의 시선에서 외로움이 느껴졌을까 참말 모를 일이다. 100일 무렵의 아기는 아직 세상과 나를 분리시켜 생각할 줄을 모른단다. 세상은 곧 자기, 자기는 곧 세상으로 한몸이다. 감정으로는 크게 쾌와 불쾌의 두 가지를 가지고 있을 뿐. 엉덩이가 축축하면 불쾌, 배가 고프면 불쾌, 기분이 묘하게 불쾌해도 불쾌. 그러다 양육자가 문제를 해결해주면 울음을 그침과 동시에 쾌의 감정으로 전환. 출생부터의 매 순간이 천상천하 유아독존임을, 100일 아기가 그 절대 고독을 알았던 걸까? 외로움은 나에게 원가정 생활에서도 결혼 생활에서도 핵심 감정이 아니었던가 싶다.

둘째를 가져 배가 남산만 할 때 눈길을 끄는 미술 치료 프로그램이 있었다. 역시나 퇴근 시간 후였고, 당연히 신청하였다. 불러오는 배에 출퇴근만으로도 버거웠을 텐데 2시간 씩 몇 회기를 꾸역꾸역 악착같이 참여하였다. 끝나고 집에 가면 더더욱 파김치가 되고. 무엇을 그려보라 했을 때 주로 사용한 크레파스 색깔로 속마음이 드러난 날이 있었다. 20여 가지 색 중 황금색 범벅을 했었고, 황금을 갈망한다는 해석이 신기했다. 이어서 석고로 자기 손 모양을 뜨는 날이었다. 학창시절부터 미술시간에 손으로 무엇을 만드는 것은 참으로 젬병인 나다. 그 곰손은 결혼 후 요리

영역에서도 별반 다르지 않아서 입에 딱 떨어지는 맛난 음식의 창조와는 거리가 멀다. "엄마 요리는 간이 잘 안 맞아."라는, 하나이면서 전부인 비평을 하면서 군말 없이 잘 먹어주는 아이들이 새삼 고맙게 느껴진다.

마디가 굵고 다소 거친 손이 석고 틀에 들어갔고 자연히 그 모양대로 나온 뭉툭한 내 손 모양이 다른 사람의 그것인 양 생경함과 동시에 친근함이 느껴졌다. 가치를 두지 않아 가꾸지 않는 주인을 만난 죄로 험해진 손에 미안함과 사랑스러움이 일어 석고 작품을 쓰다듬으며 소리 없는 눈물을 쏟아냈다. 묘한 감정이었다.

영유아기 부모님으로부터의 경험 때문에 오랜 시간 스스로 감정을 억누르고 감정을 모른 채 무딘 편으로 살아왔다. 감정을 분화하여 이름 붙이기 할 줄 몰랐고 그 감정이 생긴 전후 과정을 이해하지 못했으며 감정 처리 방법에도 무지했다. 이후 제대로 알고 보니 내 몸은 아주 예민하고 감각이 좋은 편이었다. 어렸을 때 예민함이 발현되지 않고 객관적이고 무덤덤했던 게 오히려 더 나았다는 자각이 요사이에야 들면서 부모님께 감사하다. 그에 더해 이제는 소통의 맛을 알아가고 있으니 얼마나 다행인지.

감정의 영역에서 보조 역할이긴 했지만 이제껏 한 일 중 가장 감동적인 위업에 대해 이야기해보련다.

정신분열증을 병명으로 가지고 있던 중2 남학생이 있었다. 교사나 급우들과 상호작용이 되지 않아 그 나이 특유의 말썽을 일으킬 일도 없었지만 있는 듯 없는 듯 존재감이 느껴지지 않는 학생이었다. 당시 전문상담 인턴교사였던 나는 진로진학부장의 명으로 그 학생을 만나게 되었다. 눈도 마주치지 않고 의사소통이 되지 않으니 사실 상담을 한다는 것이 불가능했다. 그런데 당시 짧은 계약기간으로 학교에 오던 미술치료 선생님이 있었는데 그분과 협업으로 상담을 진행하게 되었다. 젊은 분이 참 차분하면서 깊었다. 동년배끼리의 교류가 편하고 연하의 사람들과는 어딘지 모를 거리감이 있었는데 그분은 달랐다. 위로 아래로 모두에게 싹싹할 뿐만 아니라 무엇보다 한 학생을 위해 둘이 힘을 합쳐 연대해야 할 상황이라 꽤 친밀해졌다. 상황에 맞는 언어로 자기표현이 어려웠던 아이는 말 대신 그림으로 표현을 하였다. 그리고 그것을 우리는 열과 성으로 해독하였다. 환시가 있는 아이였다. 백지 위에 빌딩 같은 것을 하나 그려놓고 허공인 그 위에 무언가 아니 누군가가 있다고 말하였다. 사람을 죄다 동물로 그려내고 있었고 부모보다 더 가깝게 느끼는 고모는 고양이로 표현하고 있었다. 내가 한 일은 미술치료사 그녀의 업적에 비하면 너무도 미미하였다. 그녀는 아이의 작은 표현 하나도 소홀히 여기지 않고 해석하며 이해하려 노력하였다. 상담이 시작되고 두어 달쯤 지나 아주 놀랄 만한 반응이 나오기 시작했다. 사람과 눈을 마주치고 친구들과 선생님과 몇 마디씩 말을 주고받는다고 했다. 기적이었다. 당시 미술치료 박사과정 중이었던 그녀는 그 길을 계속 가서 현재는 아이들과 어른들과 더욱 잘 소통하는 치료사가 되어 있으리라. 수소문해 꼭 한 번 만나고픈 마음이다.

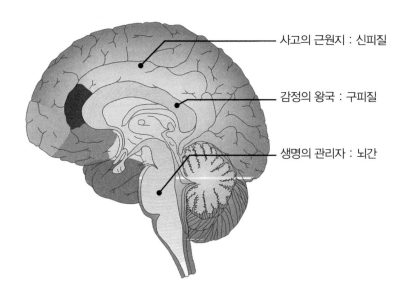

사고의 근원지 : 신피질

감정의 왕국 : 구피질

생명의 관리자 : 뇌간

뇌의 삼층 구조

뇌는 인간의 감정과 사고, 언어, 운동 등을 담당한다. 인간의 전부를 관장한다고 해도 과언이 아니다. 오만 생각과 감정의 덩어리인 사람이 참 신비롭다. 손으로 직접 느껴져서 이해가 쉬울 것 같은 몸이 특히 신비롭고 관심이 간다. 5장 6부 장기에 감정이 서려 있단다. 폐는 슬픔이요 위장은 불안, 근심, 걱정이며 신장은 두려움을, 심장과 간은 화를 대변한다. 사람의 5장 6부는 대우주 대자연 속의 5대양 6대주와 닮아 있다. 다양한 연유로 사람은 소우주라 불린다. 조물주의 놀라운 뜻을 알 수 있다.

- 1년은 365일 vs. 사람 몸의 혈 자리 365개

- 1년은 12달 vs. 사람 몸의 12경락

- 무지개 빨주노초파남보 vs. 사람 몸의 7개 차크라 등

사시사철의 계절 변화는 우리 삶과도 닮아 있다. 봄에는 천지만물이 소생하고 여름엔 제각기 푸르름을 뽐내며 성장하고 가을엔 열매를 거둬들이고 겨울엔 쉬면서 다음을 준비한다. 인간도 우주 변화 법칙의 영향을 받는다. 태어나고(生) 자라고(長) 거두고(斂) 폐장한다(藏).

신비로운 내 몸에, 내 감정에, 내 정신에 관심을 두고 공부해볼 마음이 절로 생겨났다. 모든 공부의 시작은 호기심의 발동이다.

그런데 중요한 건 감정도 선택이라는 사실이다. 오늘 내가 지금 이 순간 행복을 선택하면 행복하다는 말이다. 해보면 안다. 신기한 건, 우리 뇌는 행복과 불행을 동시에 선택할 수는 없는 구조여서 이왕이면 행복을 선택할 일이다.

18세였던 아들과 48세의 엄마가 속리산 자락으로 9박 10일간의 위빠사나(마음 닦기) 수련을 함께 다녀왔다. 엄마가 가겠다니 아들이 호기심 반 용기 반으로 따라나섰던 것. 위빠사나는 부처님의 마음 닦는 수행법으로, 한 대상에 마음을 집중하여 고요한 상태를 얻은 후에 끊임없이 변화, 생성, 소멸하는 대상을 있는 그대로 관찰하는 방법이다. 밥 먹는 시간을 제외하고, 캄캄한 새벽 인시부터 잠자러 가기 전까지 하루 서너 차례 묵언 수행만 했다. 방석을 깔고 앉아 호흡하며 코끝에 집중한다. 입문 전 수행법에 대해 듣기는 했으나 이 정도일 줄은 몰랐다. 이틀째부터 힘겨움이 올라왔다. 그래도 혼자라면 어떻게든 하겠는데 아들이 있어 신경이 쓰인 데다 녀석이 엄청난 발언을 전해 오지 않았겠는가! 남녀가 서로 다른 문으로 시간 맞춰 출입하는 때가 유일한 접점이었는데 나를 기다렸던 듯 보자마자 나직한 목소리로 말한 것이다. "엄마, 집에 가고 싶어!" 이 무슨 청천벽력 같은 소리인고. 수행자 간 일체의 대화는 금지되어 있었다. "뭐라고?" 놀란 토끼 눈을 한 내 입에서 부지불식간에 튀어나온 말이다. 미성년 자녀와 이런 고행을 하면서, 충분히 예상을 했어야 했을까? 그래도 어른이고 엄마인데, 달래야 했다. 사람들 눈이 있어 그때는 어쩌지 못했다. 마음이 쓰여 수행을 하는 둥 마는 둥 하고 휴식 시간에 숙소에서 소지품 중에 있던 메모지에 밀어를 적어 나왔다. 금기 행동의 연속이었다. "○○아, 좀 참아보자." 일말의 희망이 서린 표정으로 쪽지를 받아 빛의 속도로 펼쳐본 아들은 이내 이마에 내 천(川)자를 그린다. 그 모습을 보는 나는 또 답답해오고 두 번째 수행에서도 집중이 안 되고 분심이 계속 일었다.

낮에 산책하며 명상하는 시간에 마주쳐서는 어르고 달래는 수신호를 하기도 했다. 나는 그 밤 결국 진행자에게 심경을 토로하였다. 안타깝다는 표정의 진행자는, 정확한 표현은 기억 못 하지만 "참고 계속 수행해보세요."란 요지로 말했다. 둘이 들어와서 하나만 중도 탈락해 나갈 수도 둘 다 나갈 수도 없는 일이었다.

그런데 하루하루 시간이 갈수록 우리 모자는 현실 도피를 포기하며 자포자기로 수행에 그냥 몸을 맡긴 듯했다. 중반을 넘어가면서는 이제 다

왔다는 생각에 체념과 익숙함과 안도가 어우러져 둘 사이에 더는 의사소통이 필요 없어졌다. 아들의 표정을 내내 살피던 나는 포기 혹은 내려놓음에 따른 편안함을 느낄 수 있었다. 어느덧 시간은 흘러 마지막 날이 되고 시간에 떠밀린 우리는 결국 끝까지 해냈다! 그러자 그 끝에 끝까지 이룬 자만이 느낄 수 있는 형언할 수 없는 감정이 있었다. 순탄하기만 했던 것이 아니어서 복잡한 감정이 스쳤지만 끝에 남는 것은 큰 자부심이었다. 24시간 전과 비교하면 지옥과 천국의 차이 같았다. 탈락자가 아닌 성공자의 위엄. 아마 한 평생 화젯거리로 삼을 수도 있으리라. 미성년으로 최연소자였던 아들이 과정을 통과함에 함께했던 성인들로부터 칭찬을 한몸에 받은 것은 말할 것도 없다. 나도 아들이 무한히 자랑스럽고 고마웠다.

감정은 그런 것이었다. 오만 가지 감정이 시시때때로 올라오지만, 시간이 지나면서 내가 그렇게 하기로 마음먹고 허락하면 그것은 사라졌다. 호흡에 집중하고 감정을 관하다 보면 감정과 내가 동일시가 아니라 분리되는 느낌을 받는다. 고요 속에 오래 머물다 보면 감정이 저절로 사라지기도 하고, 나 스스로 감정을 놓아주며 떠나보낼 수도 있다는 걸 알게 되었다.

수련 중 진행자의 요청에 따를 때나 혼자 있을 때에도 축기를 위한 연단을 하곤 한다. 무리 중에서 시범을 보인 날이었다. 사전 약속대로 일명 항아리자세를 선보였다. 양 다리는 어깨 너비만큼 벌린 채 무릎은 약간 굽힌 기마자세이고 양팔은 손바닥이 몸 쪽을 향하게 하고 높이는 가슴께까지 항아리를 든 것처럼 들어올리는 자세이다. 시간을 어느 정도 할 것이라는 사전 언질이 없는 것이 관례이다. 별것 아닌 것 같은 동작인데 그렇지 않다. 시간이 갈수록 팔이 무거워 당장이라도 내리고 싶은 마음이 굴뚝같다. 수련생으로 임해도 안 될 일인데 숙달된 조교에게 포기는 어불성설이다.

힘이 덜 들려면 자세를 더 낮추면 된다는 걸 이미 터득한 상태이다. 신기하다. 자세를 더 낮추다 보면 힘이 덜 드는 지점이 딱 만나지기도 한다. 그것이 가장 이상적인 각인 것이다. 많은 동작들이 각생각사(각에 살고 각에 죽음)이다. 그렇게 되면 오히려 편안하고 안정감이 느껴진다. 땀이 송글송글 맺히는 것 같더니 어느덧 이마에서부터 흐르는 것을 느낀다. 시간이 얼마나 지났을까, 행과 열 사이를 왔다 갔다 하는 트레이너는 그만할 기미가 보이지 않는다. 팔도 아프고 고관절도 아파 와 한계에 다다랐다고 느낄 즈음, 트레이너의 "그만!" 대신 누군가 "나는 할 수 있다!"를 크게 외치는 소리가 들렸다. 그 말이 떨어지기가 무섭게 여기저

기서 같은 말이 튀어나왔다. 어떤 목소리는 절규에 가까웠다. 그만큼 통증의 감정이 컸다는 방증이다. 시범자의 입장에서 동조하는 것이 좋을지 안 좋을지의 판단을 하기 앞서 나도 모르게 하나가 되어 "우리는 할 수 있다!"를 외치고 있었다. 그리고 모두의 선언은 전체에게 묘한 힘을 주어 마치 새로 시작하는 것처럼 새 힘이 솟아나기 시작했다. 힘든 시점 언제부턴가 나는 스스로에게 주문을 걸고 있었다. '끝이 있다'가 그것이었고, 끝을 향해 가고 있는 것도 확실했다.

초산에 15시간, 경산에서는 시간은 짧지만 강도로는 같거나 이상이었던 산고를 끝내 포기할 수 없었던 것은(못 참고 "수술해주세요." 하는 상황이 아니었던 것은) 그 끝에 시차 없이 강렬하게 만나게 될 새 생명과의 경이로운 순간 때문이었다. 산도를 통해 스스로 몸을 돌려 피부 접촉을 하며 내려오는 아기와 그렇지 않은 아기가 향후 아기의 성격 등에서 현저한 차이가 있을 수 있다는 사실과 엄마 산고의 열 배를 아기가 겪는다는 것을 아는 것이 세 번의 자연분만을 고수한 이유일 수 있겠다.

산고에 비하면 새 발의 피였을 연단의 신체적 고통을, 그 감정을 끝이 있다는 자기 최면으로 이겨낼 수 있었다. 마침내 '그만'이라고 봉인 해제의 구령이 떨어졌다. 휴우! 팔과 다리를 원상태로 하였을 때는 일순 몸이 없어진 느낌마저 든다. 그때의 해방감이라니! 나중에 물어보니 45분을 하였다 한다. 함께함의 기적이었다.

　대학원 기간 중 대상관계 이론 서적에서 처음 듣던 순간부터 내내 가슴을 울리는 말이 있었으니 '좋은 부모는 자식의 공격성을 감내하는 부모'란 말이 그것이다. 아이들은 무럭무럭 자란다. 육체적 성장이 멈춘 부모와 달리. 개중 의식의 성장이 멈추어버린 부모와의 괴리가 걷잡을 수 없게 실로 일취월장한다.

　공격성이란 인간의 본성 중 하나일 것이다. 만 2세, 초기 언어로 '싫어!' 를 사용할 줄 알게 된 아이는 떼를 쓰는 행동 외 언어로 자신의 뜻이 전달되는 것이 신기할지 모른다. 싫어, 하면 엄마가 반응을 해오니까. 순응적이고 고분고분해서 쉬운 기질이 있는 반면 반항하고 부정하고 매사 거부를 잘해서 어려운 기질도 있다. 자아가 더욱 발전한 아이가 공격성을 지닐 때 부모의 반응은 어떠한가? 어떠함이 바람직할까? 자신의 삶의 터전이 가정이 유일한 아이는 가정에서 배우는 모든 감정과 규범과 행동들로 몸과 마음과 정신이 커지고 채워진다. 아이의 공격성을 있는 그대로 인정하거나 좋은 방향으로 순화시키려는 노력을 않고 그에 일차원적으로 반응해 윽박지르거나 부정하려고 한다면 아이가 감정을 처리하는 방법을 배울 기회를 놓치게 될 것이다. 감정에 옳고 그른 것이 있을까? '희로애락애오욕'이라는 보편적 감정 7정은 인지상정인 것이다. 중요한 건 그 감정을 바라보고 인정하는 것일진대 옳고 그름의 그릇된 잣대로 판단해 부정적 감정을 축소시키거나 회피하게 가르친다면 가정 아닌 곳에서 그 공부를 필연적으로 또 해야 될지도 모른다. 그나마도 그럴 수 있는 복이 있다면 말이다.

이제는 내 키가 가족 중 가장 작은 키가 되었다, 영구히. 넷이 거리를 활보할 때면 작은 엄마를 어쩔 수 없이 물리적으로 '아래로', '낮추어' 보게 된다. 아이들과의 대화 장면을 보는 내 엄마로부터 너무 편안하고 위엄이 없어 때로 엄마로서의 영이 서지 않는다는 말을 듣지만, 나는 지금이 좋다. 아이들이 나를 어려워하거나 무서워하지 않고 편안히 여기며 내 앞에서 감정적으로 온전히 자유로운 이 관계가. 바라건대 영원히 친구 같은 엄마이고 싶고, 이미 막내 친구가 지어준 '천사엄마'라는 별명이 있기도 하다.

고등학교 때 흠모했던 국어 선생님께서 늘 하셨던 말씀 '비교불행에 빠지지 마라'가 한 번씩 생각나곤 한다. 살아보니 남의 안 된 일에 위로의 말해주기는 쉽더라. 내가 그 상황이 아니어서 다행스럽다는 느낌과 약간의 우월감을 가지면서. 그런데 남의 좋은 일에 진심으로 축하해주기가 더 어렵더라. 그것이 훨씬 더 큰 마음이더라. 각자가 타고난 그릇이 다르듯 느끼는 행복도 개인차가 있겠다. 외부 날씨가 어떻든 내 마음의 날씨를 청명하게 유지하는 힘이 우리에겐 언제나 필요하다. 멘탈 헬스로 스스로를 보호할 일이다.

감정

울고 웃는 감정이, 입었다 벗어버리면 처음의 무의 상태로 돌아가는 옷과 같은 감정은 내 선택 소관임을 늘 상기하자. 내 감정을 내가 선택하고, 있는 그대로 바라보고 집착하지 말며 종국에는 훨훨 떠나보내자. 감정을 붙들고 나와 동일시하는 우만 범하지 않아도 인생은 살 만하다. 첫술에 배부르기 바라지 말고 꾸준히 연습하자. 그것이 나를 행복하게 하는 길이므로.

"매일 행복하진 않지만 행복한 일은 매일 있어."
– 곰돌이 푸

"내 기분은 내가 정해. 오늘은 '행복'으로 할래."

　– 이상한 나라의 앨리스

"행복은 사람의 물질적 환경의 작용이 아니라 영혼의 질이다."

　– 아리스토텔레스

3

의식 : 정신세계 그릇의 크기

/

행복한 삶을 살기 위해 필요한 것은 거의 없다.
– 마르쿠스 아우렐리우스

서른이 다 돼가는 과년한 딸이 언제쯤 짝을 만날까 애가 타던 엄마가 혼자 역술인을 찾았다. 나의 사주를 넣었다. 사주는 태어난 연월일시의 4가지 기둥이란 말이다. 거기에 음양을 더하고 두 배를 하면 여덟 자 곧 팔자가 나온다. 그걸 해석해주는 게 그들의 역할이다. 그런데 한 사람의 사주는 고정적인 것이므로 누가 하더라도 비슷한 해석이 나와야 옳다. 사람을 일찍 만나면 안 좋단다. 여기서 일찍은 보통 30세 이전을 말하고, 그네들의 이 말은 일찍 만난 짝과는 오래 해로할 수가 없다는 뜻이다. 그리고 이어서 나의 사주가 크다고 한다. 엄마와 사이에 두고 마주 앉은 책상을 가리키며 "따님이 이 책상이라면 웬만한 남자는 이 위로 떨어지는 먼집니다."라고 했단다. 그래서 내 삶이 고달픈가? 이러니저러니 해도 나는 내가 좋다. 누구라도 자기 자신을 좋아할 수밖에 없겠지만 말이다. 생각해보면 나는 나를 탓한 기억이 별로 없는 것 같다. 언제나 매 순간의 내가 좋았다. 잘하면 잘하는 대로, 못하면 못하는 대로. 내가 나를 좋아하지 않으면 사랑받을 데가 없다고 느꼈을까? 나에 대해 안개 속 같이 잘 모르겠던 마음은 긍정적인 피드백 외 부정적인 평가에도 반가움이 들게 했다. 이 또한 귀한 내 모습의 편린이라고 느껴졌기 때문이다.

데이비드 호킨스의 『의식 혁명』이란 책이 있다. '사람은 천 층, 만 층, 구만 층'이라 할 때의 층에 대해 의식 룩스로 정리한 것이 나온다. 현재 자신의 의식 층위를 느껴보고 한평생 의식의 고양에 힘쓰는 것을 숙제로 삼아볼 일이다. 의식의 기준점이 200룩스인 용기라 한다. 그 갖기 어렵고 내기 어려운 용기가 분기점이라니. 최소 용기는 있어야 무언가를 시작해볼 수 있다는 뜻이겠다. '미용감사(미안합니다-용서하세요-감사합니다-사랑합니다)'는 모두 긍정적 의식의 영역에 든다. 호오포노포노에서의 기적의 4단어 미/용/감/사를 실생활에서 더욱 많이 사용해야겠다.

마음의 알갱이, 에너지를 가진 말을 무게감 있게 진실로 잘 사용할 일이다. 누군가 말했다. 말은 마음의 소리요, 행동은 마음의 자취라고.

의식의 밝기
Map of Consciousness

	LUX밝기	의식수준	감정	행동
	700~1000	깨달음	언어이전	순수의식
긍정적 의식 **POWER** ⬆	600	평화	하나	인류공헌
	540	기쁨	감사	축복
	500	사랑	존경	공존
	400	이성	이해	통찰력
	350	포용	책임감	용서
	310	자발성	낙관	친절
	250	중용	신뢰	유연함
분기점	200	용기	긍정	힘을 주는
	175	자존심	경멸	과장
	150	분노	미움	공격
	125	욕망	갈망	집착
	100	두려움	근심	회피
	75	슬픔	후회	낙담
부정적 의식 **FORCE** ⬇	50	무기력	절망	포기
	30	죄의식	비난	학대
	20	수치심	굴욕	잔인함

현재 깨달을 수 있는 가능성은 과거 천 년에 비해 천 배 이상 높다. 지금 인류의 의식수준은 빠른 속도로 급상승하고 있으며 한국 사람들은 선두에 서게 될 것이다.
– 데이비드 호킨스 박사, 『의식 혁명』 저자

(출처: 네이버)

미국 애리조나주 세도나는 전 세계 명상가들에게 명상 수련의 메카로 잘 알려져 있다. 명상센터에 묵으면서 그 규모의 웅장함으로 칭송되는 그랜드 캐니언을 보러 갔다. 눈앞에 펼쳐진 거대하고 장엄한 신의 창조물과 그 앞에 선 보잘것없는 인간의 모습이 강하게 대비되었다. 수련을 진행해 주시는 트레이너님의 안내에 따라 그랜드 캐니언의 크고 작은 붉고 흰 바위들을 피아노 건반 삼아 상상으로 오케스트라 연주를 시작하자 어느덧 우주에까지 의식이 커졌다. 대자연을 가슴 가득히 품고 있는 내 마음을 느끼게 되었다. 상상의 힘이란, 의식의 자유자재함이란….

자신들의 본성과 땅을 지켜내기 위해 마지막 한 사람까지 무력 항전을 감내했던 인디언들의 영혼이 눈앞에 파노라마처럼 그려졌다. 원인 모를 심한 고소공포증이 있는 나는 그것이 궁극적으로 죽음에 대한 두려움임을 이해하지만 그 기암절벽의 끝에서 마음껏 자유로운 자세를 취할 수는 없었다. 이후의 깊은 수련에서, 나의 신념과 자발적인 의지에 힘입어 물과 관련된 무의식적인 두려움이, 그 공포가 조금씩 치유되어 가는 것을 느꼈다.

언어는 사회상을 반영하기 마련인데 요사이의 신조어는 축약도 많아 따로 공부하지 않으면 그 뜻을 가늠조차 하기 어렵다. 어릴 적 두 딸은 우젤예(우주에서 제일 예쁜)나 세젤예(세상에서 제일 예쁜)라는 수식어를 각자의 이름 앞에 붙이고는 엄마의 폰에 그렇게 저장해주길 바랐다. 세계와 우주라니, 이건 숫제 지구보다 더 큰 의식이지 않은가.

어려서 우리는 "엄마/아빠 얼마만큼 사랑해?"라는 질문을 받았을 때 한 번의 예외도 없이 "하늘만큼 땅만큼 지구만큼 (사랑해)."라고 답했던 적이 있을 것이다. 그때부터 우리는 지구를 생각하는 지구 의식이 있었다. 지구에서 제일 큰 가치는 민족도 국가도 종교도 아닌 지구 자체이다. 지구를 모든 가치의 중심이자 최상위 가치로 두는 인식의 전환이 단일한 지구의식으로 고양되고 평화로운 지구촌 시대를 여는 중요한 열쇠일 것이다.

우주에서의 지구의 주소는 관측 가능한 우주(Observable Universe: 크기 465억 광년) -〉 처녀자리 초은하단(Virgo Supercluster) -〉 국부은하(Local Group) -〉 우리은하: 막대나선은하(Milky Way Galaxy) -〉 태양계(Solar System) -〉 행성 지구(Planet Earth)라 한다.

거시에서 미시적 관점으로 축소하여 옮겨 적으면서도 지금 내가 무엇을 적고 있는지, 우주의 광활함에 혀를 내두를 뿐이다. 가히 상상불허다.

지구에 살고 있는 인류 공통의 정체성은 우리 모두는 지구촌에 사는 '지구시민'이라는 의식이다. 경계를 의식하지 않고 보는 세상은 나와 너, 자연과 인간, 정신과 물질이 분리된 세상이 아니다. 모든 것이 우주의 생명 에너지로 연결되어 있는 하나의 세계인 것이다.

지구 의식을 키우는 데에 보다 더 도움이나 영감을 받고자 하는 마음이 있다면 동시대 지구인인 대니 서나 그레타 툰베리 같은 환경운동가의 활동이나 지구별에서 조화로운 삶을 살았던 부부 스코트 니어링과 헬렌 니어링의 삶 등을 찾아보아도 좋겠다. 거기에 의미 있는 사진 한 장을 추가하고자 한다.

NASA의 자문위원이자 『코스모스』의 저자 칼 세이건은 1990년 2월 명왕성을 지나고 있는 우주 탐사선 보이저 1호(1977년 9월 5일 NASA에서 발사)의 카메라를 지구 쪽으로 돌려 찍어보자고 제안한다. 당시의 기술적인 면과 비용 측면에서 큰 반대에 부딪혔으나 결국 관철되었고, 이로써 가장 심오하고 철학적인 천체 사진 하나가 탄생하였다. 지구와 태양 거리의 40배나 되는 60억km 떨어진 우주 바깥에서 찍은 지구—The Pale Blue Dot—의 사진은 실로 놀랄 만한 것이었다.

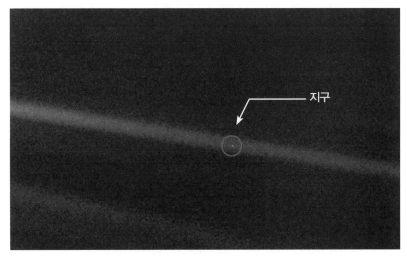

지구

The Pale Blue Dot

이에 대해 칼 세이건은 이렇게 말했다.

"여기가 우리의 보금자리고 바로 우리입니다. 이곳에서 우리가 사랑하고 우리가 알고 우리가 들어봤으며 지금까지 존재한 모든 사람이 살았습니다. 우리의 기쁨과 고통, 우리가 확신하는 수천 개의 종교와 이념, 경제 체제, 모든 사냥꾼과 식량을 찾는 이들, 모든 영웅과 겁쟁이, 문명의 창조자와 파괴자, 모든 왕과 농부, 모든 사랑에 빠진 연인, 모든 어머니와 아버지, 촉망받는 아이, 발명가와 탐험가, 모든 스승과 부패한 정치인, 모든 수퍼스타, 모든 최고의 지도자, 역사 속의 모든 성인과 죄인이 태양 빛 속에 떠다니는 저 작은 먼지 위에서 살다 갔습니다.

지구는 '코스모스'라는 거대한 극장의 아주 작은 무대입니다. 그 모든 장군과 황제들이 아주 잠시 동안 저 점의 작은 부분의 지배자가 되려 한 탓에 흘렀던 수많은 피의 강들을 생각해보십시오. 저 점의 한 영역의 주민들이 거의 분간할 수도 없는 다른 영역의 주민들에게 끝없이 저지르는 잔학 행위를 생각해보십시오. 그들이 얼마나 자주 불화를 일으키고 얼마나 간절히 서로를 죽이고 싶어 하며 얼마나 열렬히 증오하는지……

우리의 만용, 우리의 자만심. 우리가 우주 속의 특별한 존재라는 착각에 대해 저 창백하게 빛나는 점은 이의를 제기합니다.

우리 행성은 사방을 뒤덮은 어두운 우주 속의 외로운 하나의 알갱이입니다. 이 거대함 속에 묻힌 우리를 우리 자신으로부터 구해줄 이들이 다른 곳에서 찾아올 기미는 보이지 않습니다.

지구는, 아직까지 알려진 바로는 생명을 품은 유일한 행성입니다. 적어도 가까운 미래에 우리 종이 이주할 수 있는 곳은 없습니다. 다른 세계를 방문할 순 있지만 정착은 아직 불가능하죠. 좋든 싫든, 현재로선 우리가 머물 곳은 지구뿐입니다.

천문학을 공부하면 사람이 겸손해지고 인격이 함양된다는 말이 있죠.

멀리서 찍힌 이 이미지만큼 인간의 자만이 어리석다는 걸 잘 보여주는 건 없을 겁니다. 저는 이것이, 우리의 책임을 강조하는 것 같습니다. 서로 좀 더 친절하게 대하고 우리가 아는 유일한 보금자리인 창백한 푸른 점을 소중히 보존하는 것이 우리의 의무죠."

가슴에서 장엄하면서 뜨거운 덩어리 같은 것이 느껴지고 그것이 온몸에 퍼지는 듯하다. 스스로를 만물의 영장이라고 자처하지만, 우주의 관점에서 보면 우리는 미미하기 짝이 없는 미물이다. '너도 나처럼 살려고 애를 쓰는구나.' 동병상련의 마음을 가지고, 측은지심을 가지고 상대를 바라보고 대하면 어떨까.

생텍쥐페리의 어린 왕자도 6번의 별 여행 후 7번째로 지구를 방문하였다고 한다. 우리가 아직 알지 못하는 다른 생명체가 우주 어느 공간에 존재할지도 모를 일이다.

출생 때 사주팔자로 사람의 그릇이 일차 정해진다지만 이후의 선택과 노력 여하에 따라 자기 그릇 이상의 삶을 살 수도 있다. 밴댕이소갈딱지 수준을 과감히 탈피하고 정신세계 그릇의 크기를 하해와 같이 큰 의식으로 가져볼 일이다. 마음먹기에 따라 보다 더 큰 사람으로, 도인으로 살 수 있다. 큰 판에서 보면 행복은 보편적이고 더 쉽고 가까울 수 있을 것이다.

4

가치 : 무엇으로도 측량, 대체할 수 없는 절대값

/

미래는 여러 가지 이름을 가지고 있다.
약한 자들에게는 불가능이고, 겁 많은 자들에게는 미지이며,
용기 있는 자들에게는 기회이다.
– 빅토르 위고

미혼인 20대 후반의 어느 초가을 날, 백화점에서 빨간색 닥스 트렌치
코트를 샀다. 베이지와 레드 중에서 고민하다 더 화려해서 예쁘고 얼굴
을 잘 살려줄 레드로 골랐다. 당시 새벽이면 즐겨 듣던 라디오 프로그램
에서 '딸에게 옷을 물려주는 엄마' 이야기를 듣고 예측 불가한 미래의 내
딸에게 물려줄 요량으로 조금 센 금액을 주고 질렀던 것이다(천만다행으
로 10년 이내에 딸이 두 명이나 태어났다!!). 얼마 전 엄마가 이제 당신은
입을 일 없다며 베이지 닥스 트렌치코트를 주셨다! 아, 인생이란 그런 것

인가 보다. 대를 이은 물림! 엄마는 50대 중반에 사신 거라니 그땐 이미 20대 중반의 당신 딸이 존재해 있었다. 머지않은 날에 나에게 물려줄 생각을 분명히 하셨으리라. 나는 심지어 확률 0%의 미지의 모녀 인연에 대해서도 투자를 했는데 말이다! 내가 딸이고 나에게 딸이 있어 참 좋다.

엄마가 물려주신 옷이 많았다. 그런데 취향에 안 맞거나(그랬으면 소신껏 받지 않는 것이 현명했으련만) 막상 입고 나가려 하면 안 예쁘게 느껴지고 가산을 줄여가는 잦은 이사로 둘 데가 마땅찮아 많이 버렸다. 그걸 건건이 뒤늦게 아신 뒤로 "너는 좋은 걸 줘도 가치를 모른다."라는 지청구를 적잖이 들어야 했다.

요사이는 지하철 환승 중에 만나는 가판 옷 가게에서 5천 원, 만 원 하는 윗도리나 바지들을 손쉽게 잘도 산다. 꼭 필요한 거라서. 옷은 몸을 가리거나 보호하는 기능만 하면 되는 거라 판단해서. 다행히 여럿 중에서 좋은 것을 잘 고르는 귀한 안목을 지녔다, 나는. 그것도 전광석화와 같이 척척 잘도 고른다. 내 눈에 들어오는 사람, 내 눈에 들어오는 사물이 귀하다.

롱패딩이 유행일 때 특이한 것 좋아하는 기질에 따라 보라색 경량 패딩을 샀었다. 옷장에 바로바로 넣지 않고 밖에 빼놓고 있던 관리 소홀로 강아지가 몇 번 물어 그 횟수 이상의 구멍이 났다. 수선 집 갈 생각을 왜 못 했을까? 작은 구멍에서 쉼 없이 거위털이 빠져 나와 처참한 지경에까지 이르렀다. 미련 없이 매정하게 옷 수거함에 내다 버렸다(일반 쓰레기 봉지에 버리지 않은 것이 그나마 다행일까? 어느 알뜰한 손에 들어가 재탄생되기를……). 얼마 지나지 않아 길거리에서 패딩의 주머니 쪽에 옷과 같은 색깔의 패치워크를 붙여 입은 사람을 보았다. 그도 작은 구멍을 그렇게 덮은 것이겠지. 마치 상흔을 덮은 훈장처럼 여겨졌다. 횡단보도 이쪽과 저쪽에서 걸어오며 만난 사이였다. 스치는 순간에 내 과오가 번뜩 떠오르며 후회가 되었지만 이미 늦었다. 이후에도 관리에 신경을 쓴다고 하지만 강아지의 흔적이 남은 물건이 몇 생겼다. 그래도 이제는 함부로 버리는 실수를 범하지 않는다. 약간의 손질을 가하면 오히려 더 정스러운 물건으로 화하는 이치를 알기 때문이다. 겉으로 보이는 외양적 결함보다 나와 그것이 함께한 시간과 인연에 더 가치를 두기 때문이다.

오래전, 시집 간 딸에게 그녀가 태어나던 달의 달력을 사각 펜던트-3월의 16일 날짜에는 작은 큐빅이 박혀서 빛이 났다-로 한 순금 10돈짜리

목걸이를 엄마가 맞춰 주셨다. 10돈의 무게가 만만치 않아 목이 무겁고 아팠다. 그래서 집에 고이 모셔두었던 시간이 오래, 그 중량을 감내할 수 있겠고 금붙이가 몸에 닿는 안정감을 느끼고자 기분 좋게 걸고 다닌 것은 그보다 짧았다. 그러다 어느 날 그것이 내 목과 손을 부질없이 떠나갔다. 지금의 금값 고공행진을 보면 그때의 행동에 대해 망연자실해지지만 누가 미래를 알 것인가. 그 어떤 가치보다 당장의 생활이, 생계가 우선이었기에 어쩔 수가 없었다. 최선이자 최고의 선택이었다.

최근 십수 년 간 외양을 치장하는 것에 크게 마음을 두지 않고 살았나보다. 재정적 능력이 따라주지 않아서 못 한 것일 수도 있겠다. 맞다, 인정한다. 그러나 한편으론 물질보다 더 가치 있는 것에 눈을 떴기 때문일 수가 있다. 물질에서 고통이 있어서 다른 가치인 영혼의 영역에 눈을 돌렸을지도 몰랐다. 모든 것이 풍요로웠다면 다른 것에 눈 돌릴 이유와 여유가 있었을까? 『세계가 만일 100명의 마을이라면』(이케다 가요코 구성)에 따르면 나는 마을에서 여덟 명 안에 드는 부자다. 은행에 예금이 있고, 지갑에 돈이 들어 있고, 집 안 어딘가에 잔돈이 굴러다니고 있으므로. 그러나 그것만으로 만족하기에는 외면할 수 없는, 내면에서 지속적으로 외쳐대는 목소리가 있었다.

'나는 누구인가?'

'나의 실체는 무엇인가?'

이것을 꾸준히 물었다.

하늘, 땅, 천지기운 천지마음으로서 나는 어떻게 살아야 하는가?

작은 나에서 벗어나 보다 큰 의식으로 나와 민족과 인류를 위한 홍익을 하며 살고 싶다. 나의 진아(眞我)를 간절히 찾아 발견하였고, 때때로 느끼고 만나고 있으며 이제 그 빛을 발하는 과정 중에 있다고 믿는다. 진정한 가치는 보이지 않는 것에 있고 나의 존재는 이 세상 무엇보다 가치롭다. 생명은 최고의 경이이고 나는 지금 살아 있다.

먼 훗날, 측량도 대체도 불가했던 고유한 나의 가치는 세 아이들에게 붉은 마음(丹心) 한 조각으로 남기를 바란다. 그러나 미래는 멀고, 언제나 오늘 지금 반짝반짝 빛나기를…….

"가장 중요한 건 눈에 보이지 않아."

－『어린 왕자』 중에서

5

경계 : 나누지 않으면 생길 수 없는 것

/

행복한 가정은 서로 비슷하지만,
불행한 가정은 저마다의 이유로 불행하다.
– 레프 톨스토이

언제 어디서든 최소 하루 한 번은 거울을 보는 것 같다. 자신을 알고 싶어 하는 인간의 욕구는 자기를 비추는 도구를 발명하기에 이르렀다. 거울의 기능과 역할에 의미를 부여해본다. 일차적으로 자기의 외면을 직시하고 살피게 하는 선의의 기능도 하지만 보다 더 심오한 차원에서 말하자면 자아와 타자를 구별 짓는 역할도 수행한다.

저 오랜 옛날 왕족이나 귀족들—특히 아녀자들—이 하층민들과 차별화된 전유물인 청동 거울을 보며 자신의 몸치장을 했을 것을 상상하면 인류의 자기 성찰의 역사가 얼마나 오래인지를 알겠다.

독일 그림 형제의 동화 백설공주에 나오는 마녀의 거울은 인간 내면의 심층을 알려줄 뿐만 아니라 실시간 동영상으로 특정인의 소재 파악까지도 해주는 너무도 첨단화된 AI 거울이 아닌가.

아버지는 생애 막바지의 오랜 시간 동안 거울 속 당신의 모습을 자신이라고 알아보지 못하셨다. 치매로 인한 인지 기능의 저하가 그렇게 무서운 것이었다. 그런데 당신이 입고 있는 옷이나 혁대가 당신의 것이라는 데는 기억이 바르게 작용했던지 거울 속 사람을 '내 것을 훔쳐간 도둑'이라 표현하며 적의를 가지고 싸울 듯이 대하셨다. 어느 날 독백의 언쟁 끝에 지팡이로 거울을 깨뜨린 이후로 다치실까 염려되어 더욱 신경을 쓰게 되었다. 그 즉시로 날짜 지난 달력을 붙여 거울 표면을 가려버리니 이제는 숫제 거울의 존재도 망각하신 듯 싸움은 없어졌다.

지금은 5대양 6대주인 지구가 아주 오랜 옛날인 고생대에는 판게아라는 이름의 하나로 된 거대 대륙이었다는 학설이 있다. 이는 독일의 기상학자 알프레드 베게너가 주창한 것으로, 지구의 땅덩어리들이 본디 하나였는데 이후 수평적인 대륙 이동을 하였다는 것이다. 일례로, 세계에 단 6종만이 존재하는 폐어(고대의 척추동물인 폐로 호흡하는 물고기)의 화석과 현재 일부 지역의 존재가 폐어들이 대륙 이동으로 널리 분포하게 되었음을 보여주어 이 학설을 뒷받침한다.

하나에서 둘이 되고 둘이 하나가 되는 예들이 몇 있다. 복중 태아와 그 엄마는 열 달 동안 하나, 한 몸이다. 그러던 것이 열 달이 지나 엄마 산고의 열 배의 힘듦으로 산도를 따라 내려온 아기는 스스로 숨을 쉬는 호흡을 하며 엄마로부터 분리, 독립한다. 보통 생후 5~6개월에 이유식이 시작된다. 생리적인 이유는 그렇게 돌 전에 일찌감치 이루어지지만 정서적, 경제적 이유는 그 기한을 잘 모르겠는 경우를 종종 본다. 헬리콥터 맘이란 자녀를 독립적인 개체로 인정해 자립심의 성장을 지켜보는 대신 치맛바람 등으로 막강한 영향력을 끼치는 엄마를 지칭하는, 대한민국의 과잉 모성 세태를 꼬집는 말이다. 성인이 된 자녀의 군대나 직장 일에도 간섭을 하고 영향력을 행사한다니 납득이 어려운 일이 아닐 수 없다. 외부로 뻗어 나가는 주체 못 할 에너지를 내면으로 거두어 쓰면 좋을 텐데 말이다. 경계 없음의 부정적인 한 예이다. 한편, 실제 생물학적으로는 그렇게 못 하는데 의미상으로 둘이 하나가 되는 대표적인 예는 두 객체가 혼인을 하여 부부가 되는 경우가 되겠다.

한때 아프리카 부족과 같이 살던 인류학자가 있었는데 아이들을 불러 모아 게임 하나를 제안했다. 나란히 출발선에 서 있다가 신호를 주면 사탕 바구니를 놔둔 나무로 달려가 맨 처음 도착한 사람이 바구니를 갖게 되는 게임이었다. 그가 "출발!"이라 외쳤을 때 아이들은 서로 경쟁하면서 제각각 달려나가지 않고 서로 손을 잡고 함께 달리기 시작했다고 한다. 나무에 똑같이 도착해 바구니를 얻어서는 간식을 사이좋게 함께 나누어 먹었다고 한다. 왜 그랬는지 후에 묻자 아이들은 대답했다. "다른 아이들이 슬퍼하는데 어떻게 한 명이 행복할 수 있겠어요?"

남아프리카의 반투어로 인류애를 의미하는 우분투(ubuntu)는 사람들 간의 관계와 헌신에 중점을 둔 아프리카의 전통적 윤리 사상이다. 개인의 행복보다 단체의 행복을 우선시하는 행동 방식이자 철학이다. 우분투는 누구도 뒤처지는 사람이 없도록 인간의 상호의존 관계를 중요시한다. 모두가 존재하기에 나도 존재한다는 뜻이 내포되어 있다.

"우분투는 우리가 어디에 있든지 매 순간 선(善)을 추구함으로써 보다 더 평화로운 세상을 만들 수 있다고 알려준다."

　- 데스몬드 투투(남아프리카 성공회 대주교)

『화성에서 온 남자 금성에서 온 여자』를 곁에 두고 유익하게 유용하게 읽었던 때가 있었다. 가정인즉슨, 본디 화성에는 남자 생명체만 살고 있었고 여자 생명체는 금성에만 있었단다. 망원경으로 서로를 보다 보니 나와 외양이 다른 신기한 존재에 대해 호기심이 일었다. 쌍방 합의하에 금성과 화성의 중간 행성인 지구로 이주해 살자고 약속하여 그때부터 지구에 남녀가 같이 살게 되었단다. 그런데 얼마 지나지 않아 다툼과 갈등이 생기기 시작했다. 멀리서 바라볼 때는 아름답고 신비롭고 나와 달라 특별하던 모습들이 함께 살게 되니 이제는 이해 불가, 소통 불가의 원인이 된 것이었다. 현상은 변하지 않았는데 시간의 흐름 속에서 해석이 달라진 것이다. 그 갈등 구조가 지금까지도 내려와 남녀 문제는 인류의 영원한 미해결 과제인가 보다.

　남성과 여성 사이에는 생물학적인 차이만이 존재할까? 최근 여성학 관련 책자들을 보다 보면 그렇지 않은 것 같다. 오히려 인식의 차이, 해석의 차이가 더 큰 것 같다.

지구에 사는 사람들을 구분하는 방법에는 1. 성별 2. 인종 3. 종교 4. 계급 5. 장애 6. 직업 · 부의 정도 7.성 정체성 등 다양한 잣대가 있다. 경계를 짓지 않아 당사자들이 느껴지지 않으면 하나 될 가능성이 있겠으나 하나를 둘로, 셋으로 쪼개고 나눈다는 분리 의식은 이미 나와 너의 경계를 규정짓는 행위다.

수련 중 몸의 경계가 사라지는 듯한 느낌은 자주 쉽게 접하는 체험이다. 진행자의 멘트에 따라 내부 의식에 집중해 깊게 들어가면 어느샌가 내 몸의 경계가 사라지는 느낌을 받는다. 상체에 힘을 빼고 발바닥 용천을 지구 가운데로 깊숙이 내려 박는다(상허하실). 양쪽으로 벌린 손끝은 무한히 나아가 의념으로 벽도 뚫는다. 의식으로 나무도 되었다가 나비도 되었다가 호랑이도, 지렁이도 되었다가 다시 나로 돌아온다. 나는 자유의지로 어디든 갈 수 있고 무엇이든 될 수 있다. 에너지는 시간과 공간을 초월함에, 경계가 없고 한계를 짓지 않음에 무한히 자유롭다.

태초에 한/무극에서 태극이 나오고 음양이 나오고 사상(태양, 태음, 소양, 소음)이 나오고 8괘가 나오고……. 그런데 21세기를 사는 우리는 다시금 한/무극을 이야기하고 죽음 이후에 그 자리로 복본하기를 염원한다. 우리의 시작이 무경계의 하나였기 때문이리라.

　내 아픔이 있었기에 상대의 아픔이 쉬이 이해가 된다. 내 경험을 가지고도 분리의식으로 타인의 고통을 외면하지는 말자. 꼭 필요한 때에, 아니, 생에 많은 경우에 너와 내가 경계 없이 하나였던 그때를 반드시 기억해내자. 경계란, 나누지 않으면 생길 수가 없는 것이다.

　"원하든 원하지 않든 간에 우리는 서로서로 연결되어 있다.
　그래서 나 혼자만 따로 행복해지는 것은 생각할 수도 없다."
　– 달라이 라마

6

허공 : 우주에서 나를 뺀 차집합

/

내가 5살 때 엄마는 항상 "행복은 삶의 열쇠"라고 이야기를 하셨다.
학교에 다니기 시작하였는데 선생님이 앞으로 커서 뭐가 되고 싶냐는 숙제를 주셨다.
나는 "행복"이라고 적었다.
선생님은 내가 숙제를 이해하지 못하고 있다고 말씀을 하셨다.
난 선생님에게 선생님은 삶을 이해하지 못하고 있다고 답했다.
─존 레논

번지 점프를 해보았는가? 세상에나, 번지 점프를 하라는 미션이 떨어졌다. 겁 많고, 특히 기원을 알 수 없는 고소공포증과 폐쇄공포증의 양대 산맥을 남부럽지 않게 지니고 있는 나이다. 결코 자발적 의사로 선택하지는 않았음이다. 그냥 하면 되겠거니 하고 아무 생각 없이 분당 율동공원으로 일행과 향했다.

차에서 내리니 눈앞에 번지 점프대가 우뚝 서 있다. 아파트 15층 높이인 45미터의 그것이 호수 가운데 웅장한 자세로 무심하게 있었다. 이전에 이런 상황에 스스로를 두었던 적이 없으니 그런 실물을 처음 보았다. 거대한 전투 대상을 맞닥뜨리니 일순간 전의 상실과 동시에 극강의 공포감이 확 밀려왔다. 골리앗을 만난 다윗의 마음이 그러했을까? 그러나 원거리인 밑에서 올려봤을 때의 각종 상념들은 이후 위에서 내려다봤을 때의 그것에 비할 것이 아니었다. 무슨 정신으로 줄을 서고 사람들을 따라서 위로 올라가고 있었는지. 이제 바로 다음 차례다. 그때까지는 그나마 정신이 있었다. 앞으로 걸어 나오란다. 귀로 들었으나 발이 움직이지 않았다. 몇 걸음 거리 앞에 나무판자의 끝이 보인다. 다리가, 온몸이 덜덜 떨려왔다. 지피지기면 백전백승이라 했는데 상대는 알았다 해도 정작 나를 몰랐던 거다! 내 안의 두려움, 알 수 없는 무의식의 작용. 얼어붙은 듯 선 자리에서 한 발짝도 앞으로 나아가지 못했다. 도저히, 죽어도 못하겠다. 몸에 줄을 묶게 할 수도 없었다. 그러면 뛰어야 할 테니까. 내 몸을 자꾸만 앞으로 이끌려는 안전요원들에 대항해 엉덩이를 계속 뒤로 빼고 있었다. 마음과 몸의 준비가 전혀 되지 않은 상황.

안전요원이 또 한 번 엄청난 발언을 했다. 그러면, 저 끝까지 한 번 가서 보고 오라고. 할 수 있겠는지 아닌지. 이미 속으론 안 할 마음을 먹고 있었다. 여기까지 왔는데 그건 혹시나 싶어서, 도대체 아래는 어느 정도인지가 궁금해서 겨우겨우 몇 걸음 옮겨 목을 빼고 발밑을 내려다보았다. 아찔했다. 다리는 계속 후들거리고 서 있는 내 키만큼의 높이가 더해진 무서움에 그대로 안정되게 주저앉고 싶었다. 아래를 본 것은 뛰지 않겠다는 각오를 더욱 공고하게 해주는 데 보탬이 되었을 따름이었다. 간신히 제자리로 돌아와 또 넋 나간 사람이 되었다. 나는 모종의 결단을 했는데, 남의 속도 모르고 생각할 시간 5분을 준다고 한다. 5분 아니라 10분, 50분을 줘봐라, 소용없지. 굳게 다짐했다, 포기하기로.

감 빠른 안전요원이 그제야 말했다. "안 되겠습니다. 다음 분 나오시고, 조금 더 생각해보고 안 되겠음 내려가시죠." 그의 말대로 조금 더 생각해보는 척 하고 도저히 안 되겠다는 표정으로 미련 없이 내려왔다. 매사 초반에 안 될 성 싶으면 포기가 빠른 나. 경우에 따라 장점이자 단점이다. 결심을 빨리 하고 단박에 액션을 하는 것이 차라리 덜 무섭지 머리 굴려 생각, 갈등하는 시간이 길어질수록 못 할 확률은 기하급수적으로 올라감을 깨달았다.

그런데 지면에 내려와 모여보니 나 말고 다른 동료들은 다 성공했다.

이를 어쩔 거나! 나만 낙오될 순 없었다. 나도 미션을 완수해야 했다. 방법이 있단다. 다른 한 사람과 동반 낙하하면 된다는 거다. 단, 한 번 뛰어본 사람과 해야 한단다. 그때 갑자기 한 남자분이 앞으로 나섰다. 모르는 분이나, 오늘 같은 미션을 하러 오신 분이다. 구세주였다. 게다가 방금 전 난생 처음 뛰어내린 분이란다. 전 생에 열 손가락 안에 꼽힐 수 있을 공포스런 일을 막 겪고도 타인을 위해 또 하겠다고 마음을 낸 것이다. 용기 내준 그분에게 미안해서라도 다시 계단을 올라야 했다. 역시나 제정신이 아닌 행동이었으나 아까와는 달랐다. 내 의지, 생각, 고집 따위는 완전히 배제되었다. 수순대로 착착 진행되었다. 어느 순간 몸에 밧줄을 매고 있었다.

"자, 준비됐지요? 이제 '하나, 둘, 셋!' 하면 뛰어 내리는 겁니다!" 안전요원의 눈빛이 나를 기억하는 듯했으나 이제 더는 그에게 애원이나 강권이 통하지 않았다. 삶의 매 순간처럼 도망갈 것이냐, 싸울 것이냐 외 선택의 여지가 없는 상황. 아무것도 보이고 들리지 않았다. 그 순간 내 맘대로 할 수 있는 유일한 동작, 눈이라도 질끈 감았다. 이제는 그냥 맡기는 거다, 될 대로 되라! 심장이 방망이질을 하고 있었다. 아니다, 순간 멎었던지도 몰랐다.

두 사람이 몸을 끌어안고 뛰! 엇! 다! 으아악!!! 절로 비명이 터져 나왔다. 동시에 온몸으로 느껴지던 엄청난 중력 가속도라니! 저 밑 지구의 한가운데서 어마어마한 힘으로 나를 쑥 빨아들이는 기분 나쁜 느낌이었다. 흡사 블랙홀이나 식인식물의 입으로 빨려 들어가는 것 같은 공포의 순간. 그런데 죽을 것 같은 기분으로 하염없이 내려가는 것이 다가 아니었다. 밧줄이 끝까지 내려간 후 튕겨 올라오는 반동이 있었다. 뛰어내린 깊이의 거의 반만큼 몸이 튕겨 올라왔다. 그건 더 불쾌하고 고통스러웠다. 허공에 붕 뜬 느낌, 바로 그것이었다. 이어서 또 내려가고 올라오고를 두어 번 정도 더 했던 것 같다. 상하 진폭이 줄며 몸의 움직임도 줄어들었다. 그즈음에 눈을 떴나 보다. 호수 위에 몸이 허공에 매달려 있고 살아난 우리를 태우러 작은 보트가 다가오고 있었다.

허공을 제목으로 글을 쓰며 기억을 다시 복기해보았다. 절정이었던 첫 번째의 낙하와 반동의 순간. 이상한 생각인지 모르겠지만 허공이 나를 감싸 안아주는 느낌이라고 표현해도 좋을까? 그것도 아주 포근하게. 그때 허공이 없으면 누가 나를 받쳐주리오. 누가 나를 안아주리오. 허공과의 강렬한 조우였다. 느낌의 강도나 정도의 차이는 있지만 어릴 적 침대 위에서 통통 뛰고 놀았던 때가 대비되어 생각났다. 몸이 위로 솟구쳤을 때의 절대 우위의 대단한 존재가 된 것 같은 기분. 허공의 품에 안겨 마침내 허공과 하나 된 느낌.

지감(止感) 수련을 한다. 양손을 가슴 높이로 들어 올려 처음엔 10cm 정도의 간격에서 시작, 서서히 그 거리를 넓혔다 좁혔다를 해본다. 눈을 감고. 집중하고 느껴본다. 어느 순간 손과 손 사이 허공에 몽글몽글한 것이 느껴지기도 하고 따뜻한 공기가 느껴지기도 한다. 에너지(氣)이다. 어떤 때는 10개의 손가락이 다 들어간 큰 에너지 장갑 같은 것이 느껴지기도 한다.

0.2평의 기적 절을 한다. 매일 허공 속으로 나를 내던지는 동작이다. 사실 우리는 매일 허공과 만나고 허공에 몸을 던지며 살고 있다. 어떤 행위가 그렇지 않은 것이 있으랴. 허공의 품속에서 날마다 살아간다.

허공에 대고 소리를 지른다. 허공은, 하늘은 다 들으신단다. 멀리서 가까이서 다 들으실 것이다. 넋두리하는 소리, 한탄하는 소리는 물론이고 감사와 영광을 올리고 장한 다짐을 하는 경우도 있다. 금년엔 꼭 금연을 하겠습니다. 올해엔 꼭 책을 쓰겠습니다. 이 사람을 죽을 때까지 사랑하겠습니다. 허공에 대고 함부로 거짓 맹세를 하면 안 될 터인데 사람의 맹세는 얼마나 헛되고 헛된 것인가. 그럼에도 허공이 들으시라고 하늘에

천명을 하고 나의 실천력을 높일 일이다.

　고3 때 나의 애창곡은 조용필의 '허공'이었다. 내 18번이 그것이었다는 첩보를 수학과 담임 선생님이 어떻게 아셨을까? 그의 애청곡도 그것이었나 보다. 담임은 7~8교시 후 종례 때면 의례 나에게 그 노래를 부르게 하였다. 착하고 말 잘 듣던 모범생은 구성지게 맛깔나게 절묘하게 꺾으며 불러 젖혔다.

　아, 허공에 이렇게 깊은 의미가 있을 줄 19세에는 미처 알지 못했다.

　생활 속에서 문득 허공을 깨닫는 때가 있다. 실내용 운동 자전거가 옷걸이로 둔갑하고 어떤 가구든 자리만 잡으면 그 위로 물건이 놓이고 쌓이는 것을 보며 허공 외 아무것도 두지 말 걸, 할 때가. 허공을 살려 둘 걸, 할 때가. 집을 보러 갔을 때만 볼 수 있는 완벽하게 텅 빈 공간을 바라보며 아무런 가구도 들이지 않고 넓고 크게 살고 싶다, 하는 때가. 산사 고승의 방은 정갈하기가 이를 데가 없다. 속세의 물욕과는 거리가 먼 수행자인데다 그의 모든 지식과 지혜는 그 사람 안에 다 있기 때문이 아닐까 싶다. 허공, 텅 빈 충만을 즐기는 도인의 삶. 허공과 함께하며 곧 허공인 삶 말이다.

우주에서 나를 뺀 차집합인 허공. 안락한 나의 허공 속에서 오늘도 나는 자유롭게 유영한다.

> **허공**
>
> 명사 1. 불교 – 다른 것을 막지 아니하고, 또한 다른 것에 의하여 막히지도 아니하며, 사물과 마음의 모든 법을 받아들이는 공간.
>
> 명사 2. 불교 – 아무것도 없는 세계. 모양도 빛도, 아무런 사량(思量)도 없는 무위(無爲), 무루(無漏)의 세계.
>
> 수사 1. 육덕(六德)의 10분의 1이 되는 수. 즉 10^{-20}을 이른다.

HAPPINESS CONSENSUS

2장

눈 뜨기

알아차림

보고, 듣고, 냄새 맡고, 맛보고, 느끼는 5가지 감각 중 가장 힘이 센 것이 시각일 것이다. 눈은 생활하는 데 있어 가장 중요한 기관이라 할 수 있다. 뇌가 받아들이는 정보의 70%가 시각 정보라 할 만큼 그 감각 기관인 눈은 행복과 삶의 만족도에 큰 영향을 미친다.

눈은 마음의 창이라 한다. 익히 짐작하시겠지만, 여기서는 육체적 눈 뜨기와 정신적 눈 뜨기를 아우른다. 우리는 혼자 아니면 하나 이상의 사람과 같이 있다. 거의 언제나. 그것 외에는 경우의 수가 더 있을 수 없다.
혼자일 때 신독을 지키며 할 수 있는 최고의 놀이는 바로, 상상의 나래 펼치기. 질서나 법칙의 영향 없이 아무 이유 없이 일어나는 세상일은 없음을 알고 있다. 내 모든 일거수일투족이 창조임을 깨닫는다. 어제보다 더 맑게 조금 전보다 더 밝기 위해 정화에 마음을 써본다. 그러다 문득 "아!" 하고 알아차린다. 과거보다, 방금 전보다 변화된 내 모습을.

눈 떠서 알아차리는 행복에 이르는 길들이다.

내 신독의 백미는 아직 정해지지 않았다.
내 최고의 상상은 아직 실현되지 않았다.
내 최고의 질서는 아직 구축되지 않았다.
내 최고의 창조는 아직 탄생하지 않았다.
내 정화의 최고 경지는 아직 도달하지 않았다.
내 변화의 최고점은 아직 오지 않았다.
나만의 체험 눈 뜨기로 행복에 합의해보자.

1

신독 : 내용과 총량으로 격이 결정되는 행위

/

행복의 한쪽 문이 닫히면 다른 쪽 문이 열린다.
그러나 흔히 우리는 닫힌 문을 오랫동안 보기 때문에
우리를 위해 열려 있는 문을 보지 못한다.
– 헬렌 켈러

초등 6년, 중등 3년, 고등 3년 도합 12년의 학교생활을 통틀어 그 뜻이 가장 고고하고 도도해 처음 만난 이후 내내 가슴에 남아 있는 단어가 있다. 신독(愼獨)이다. '자기 홀로 있을 때에도 도리에 어그러지는 일을 하지 않고 삼가다'라는 뜻이다.(출전 : 『대학』)

10대 때 신독이란 말을 처음 들었을 때 떠올랐던 혼자 있을 때 할 수 있는 불경스런 행위–콧속에서 생성된 이물질 덩어리를 손가락을 이용해 바깥으로 탈출(얌전히 바닥으로 버리거나 멀리 튕긴다)시키는 것, 화장실에서의 모습, 말로는 일절 하지 않았지만 일기에는 한 번씩 등장했던 욕설 등—에 대한 생각이 다시 떠오르며 순간 표정이 의미심장해진다. 곁에 신경 쓸 사람 없이 혼자라는 사실은 일견 무한한 자유를 의미한다. 그러나 생활 속에서 우리는 필요 이상으로 얼마나 많이 남을 의식하고 사는지. 정작 남들은 자기 생각하느라 남 생각할 겨를이 없는데 말이다.

유교 경전인 4서 중 하나인 『대학』은 '수신 제가 치국 평천하'를 강조한다. 그중 가장 기본이 되는 수신의 경지에 이르기 위해 반드시 갖춰야 할 덕목이 바로 신독이다. 혼자 있을 때에도 도리에 어그러짐이 없도록 몸가짐을 바로 하고 언행을 조심해야 한다는 가르침이다. 신독은 중국의 유학자뿐만 아니라 조선의 선비가 추구했던 핵심적인 삶의 철학이었다. 성리학의 태두인 퇴계 이황도 신독을 삶의 좌우명으로 삼았다. 어느 날 그는 기생들이 거리를 지나가는 모습을 한참 바라보고 나서 "이 마음이 나를 죽이는구나."라고 탄식했다고 한다. 불현듯 일었던 마음속 한 자락의 탐심마저 부끄러워했던 것이다. 또한 충무공 이순신 장군이 백의종군할 때 머물려고 했던 집 주인이 과부라는 사실을 알게 되자 거처를 옮긴 것도 자칫 흐트러질 수 있는 환경을 아예 만들지 않으려는 신독의 발로라 하겠다.

옛날 30명의 제자를 둔 노스승이 있었다. 제자들은 스승에게서 하나님에 대한 신앙심을 비롯하여 많은 것들을 배웠다. 어느 날, 한 제자를 총애하는 것을 못마땅하게 여긴 29명의 제자들이 스승에게 항변했다.

"하나님은 공평하신데, 스승님은 그렇지 않은 것 같습니다." 제자들의 불평불만은 날이 갈수록 심해졌다. 이 모습을 걱정스럽게 여기던 스승은 어느 날 제자들을 불러 문제를 냈다.

"너희들에게 시험 문제를 하나 내겠다."

30명의 제자들은 모두 호기심 어린 눈빛으로 스승의 말에 귀를 기울였다. 스승은 제자들에게 새를 한 마리씩 건네주며 "지금부터 아무도 보지 않는 곳에 가서 이 새를 죽여서 가져오너라." 하고 말했다. 제자들은 곧바로 숲속으로 사라졌다. 잠시 후 제자들이 하나둘 돌아와 죽은 새를 의기양양하게 스승에게 보여주었다. 그러나 한참이 지났는데 스승의 총애를 받는 제자는 보이지 않았다. 스승과 29명의 제자들은 그 제자를 찾아 나서기 시작했다. 얼마 후 숲속 어귀에서 살아 있는 새를 안고 우두커니 서 있는 제자를 발견했다. 스승이 제자에게 물었다.

"다른 제자들은 새를 죽이고 돌아오라는 문제를 해결했는데, 너는 왜 아직까지 새를 죽이지 못한 것이냐?"

제자가 대답했다.

"스승님께서는 분명 이 새를 아무도 보지 않는 곳에 가서 죽이라 하셨지만, 이 세상에 아무도 보지 않는 곳은 없었습니다."

제자의 대답에 모두 의아한 표정을 짓고, 스승이 "그게 무슨 말이냐?" 하며 그 이유를 물었다.

"나무 뒤에 숨어 베려고 해도 하나님이 보고 계셨고, 바위틈에 숨어 새를 죽이려고 해도 하나님이 보고 계셨습니다. 이 세상 어디에도 하나님이 계시지 않는 곳이 없었습니다."

29명의 제자들은 그제야 스승이 이 제자를 총애한 이유를 알게 되었다.

하늘이 알고 땅이 알고 내가 알고 네가 안다(天知 地知 我知 子知).

미켈란젤로가 시스티나 성당에 천장화를 그릴 때의 일화란다. 구석까지 꼼꼼하게 그리는 그를 보고 친구가 물었다. "아무도 볼 수 없어 모를 텐데, 뭘 그리 애쓰는가?" 미켈란젤로는 주저 없이 대답했다. "무슨 소리. 내가 알고 있잖은가."

사람은 외로움을 견디지 못하면서도 어쩌면 그 이상의 강도로 혼자만의 시간도 필요로 하는 복합적인 존재다. 이 세상에 인간만큼 복잡다단한 동물이 있으랴. 크게 일과 사랑으로 점철된 삶을 영위하며 보통 태양이 있는 동안에는 생계로서의 직업이나 일을 하고 밤이면 가정으로 깃들어 휴식과 함께 하루를 마감한다. 다양한 모습의 가면(페르소나)을 벗어버리고 오롯이 한 자유인으로서의 모습만이 남는다.

새벽 자시(23~1시)에 잠들면 몸의 피로가 풀리고 폐가 열리는 인시(3~5시)는 몸이 깨어나는 시간이다. 스님들의 기상 시간이 보통 인시인 것이 이와 관련이 있는 것으로 안다. 전 세계에서 강력한 자기장의 볼텍스를 자랑하는 미국 세도나 명상 여행을 다녀온 후 오랫동안을 인시에 알람 없이도 저절로 잠이 깨어 정적 속에서 명상, 기도, 글쓰기를 했던 시간들이 있다. 자연의 절대적인 시간에 자연의 일부분인 인간의 생체 시간도 함께 맞추면 자연스럽고 좋다. 식구들 다 곤히 잘 때 홀로 깨어 있는 시간은 많은 영감이 일어나기도 하고 하루를 계획하기에 이상적이며 하늘과 가장 잘 통하는 보석 같은 때이다. 보통 수행자들은 낮에 태양이 있을 땐 육체를 단련하고 '달밤에 체조'를 함으로써 내면적 수련을 통해 내공을 단련한다.

초등 6학년 때였다. 옆 반 담임 선생님이 6학년 학생 전체 중 희망자를 모집하여 방과 후에 서예를 가르쳐주셨다. 왈가닥이었던 성격이 글 쓸 때만큼은 차분해졌다. 손가락에, 콧잔등에 먹을 묻혀가며 시간 가는 줄 모르고 열심히 정성으로 썼던 실력으로 대구 시내 서예대회에 나갔다. 투박한 필체로 써 낸 작품이 장원 바로 아래인 차상을 받게 했다. 학교의 자랑이었고, 표구된 작품이 한동안 교장 선생님 집무실에 걸려 있었다. 고풍스런 서예를 시간의 더께가 느껴지는 취미로 삼고 싶었던 초심을 살려 가까운 어느 날 문득 서실을 찾을지도 모르겠다.

혼자일 때, 자신의 내면과 마주하며 만나는 순간의 마음과 생각과 행위의 차이가 인간의 품격과 인격의 차이를 만드는 것은 아닐는지. 남이 보지 않는 시간을 채우는 나만의 내용과 방법과 정도에 따라서 한 사람이 다른 사람과 차별화되고 더욱 고유한 존재가 되는 것은 아닐는지.

요사이 다시금 공고화, 체화되고 있는 두 가지 신독 행위가 있으니 기상 직후 절 수련하기와 키보드 앞에 앉아 글쓰기이다. 그 누구의 방해도 없이 더없이 행복한 자아 몰입의 시간이다. 아 참, 몸치인 나는 혼자 있을 때 음악이 있게도 없게도 하여 막춤을 즐겨 추기도 한다. 그로 하여 음주가무를 마스터하기 직전에 있다. 어차피 막춤은 자기만족임에랴.

혼자라고 '느껴질' 때 할 수 있는 신과의 대화 혹은 기도:

하늘이시여, 저를 아십니까?

하늘이시여, 저를 찾으셨습니까?

하늘이시여, 저를 사랑하십니까?

기도, 명상, 수행, 글쓰기, 서예 등등으로 나의 품격을 높이는 노력을 시도해본다. 그 내용과 총량으로 격이 결정되는 신독은 그 사람의 정수에 다름 아니다.

"신독이란 아는 사람이 없을 것이라 생각하는 것을 말하느니라. 남에게 거짓되게 행하고서 그 속임을 아는 사람이 없을 것이라 생각하겠지만, 자신의 영이 이미 본심에 알리고, 그 본심은 이미 하늘에 고하고, 하늘은 이미 신명계에 명하시니, 신명은 높은 곳에서 일월로 밝게 내려다보고 계시느니라."

─『참전계경』제5강령 제1조 제3목 신독(제187사)

2

상상 : 꿈이 싹 트고 영그는 마법

/

어느 항구로 가는지 모르는 사람에게는
어떤 바람도 도움이 되지 않는다.
― 세네카

인류의 역사는 한계를 깨달은 인간의 상상력과 그것의 구체화, 실현의

역사가 아닐까.

사람이 치타같이 빠른 동물만큼 빠를 수 있을까?

바다 속은 어떻게 생겼을까?

새처럼 하늘 위를 날 수 있을까?

달나라에 정말 옥토끼가 사는지 눈으로 확인하고 싶다…….

유럽 여행 중 독일 프랑크푸르트의 괴테 생가를 가보았다. 300여 년 전의 집이 고스란히 보존되고 있는 국민성이 놀라웠고 대문호의 부유한 사생활을 엿보는 재미가 쏠쏠했다. 무엇보다 인상적이었던 것은 괴테가 4살 때 할머니로부터 생일 선물로 받은 인형극장이다. 커다란 나무 상자를 채색해 만든 그것은 어린 괴테에게 무궁무진한 상상력을 불러 일으켜 훗날 세계적인 작가가 될 싹이자 자양분이 되었을 것임에 틀림없다. 후에 그는 인형극장이 그의 인생을 바꾸었다고 썼다. 얼마나 멋진가. 실체와 상상의 공존을 깨달으며 무한한 상상의 나래를 펼쳤으리라.

또한 괴테는 상상력을 이용해 갖가지 고난과 역경에 대처한 것으로 잘 알려져 있다. 그의 전기에는 몇 시간씩 머릿속으로 누군가와 대화하는 일이 일과였다고 쓰여 있다. 예컨대 고민되는 문제가 발생하면 친구가 자신에게 현명한 조언을 들려주는 광경을 상상했는데, 마치 자신의 눈앞에서 실제로 말하고 있는 것처럼 친구의 몸짓과 목소리까지도 생생하고 선명하게 상상했다고 한다.

아들이 7세 때 하고 싶어 해서 방문 레고 수업을 받게 했다. 어린이집에서 가지고 놀던 레고의 심화 활동을 원했던 거였다. 평면적인 레고가 아닌, 동력 발전기를 부착해 결과물이 실제 작동되는 만들기였다. 1주일에 한 번, 수업 끝자락에라도 선생님을 만나고 싶어 서둘러 퇴근을 해오곤 했다. 발걸음을 재촉한 데엔 선생님의 피드백이 황홀한 원인도 있었다. 다음 날 전화로 듣는 것과 직접 현장에서 보고 듣는 것은 차이가 컸다. 수업의 진행 방식은, 먼저 당일 만들고 싶은 것을 아이에게 물어보고 그 설계도를 그리게 했다. 그림이 주였지만, 삐뚤빼뚤한 글씨로 나름의 원리에 대한 설명도 덧붙였다. 그리고 그 설계도에 따라 조립을 하고 실제 그것이 잘 구현되는지를 보았다고 한다. 집에 도착하면 아이는 그날의 작품을 손에 들고 만면에 희색을 띤 자랑스런 얼굴로 달려온다. "엄마, 오늘 내가 만든 거야. 봐 봐. 잘했지?" 선생님도 곁에서 뿌듯한 표정으로 나를 바라본다. "어머니, ○○이는 자신이 상상한 것을 실제로 구현을 해내네요! 참 잘해요. 또래들은 아직 좀 많이 미숙한데요……." 이어지는 선생님의 설명이다. 남과의 비교에서 오는 우월감 때문이 아니라 아이 자체의 상상력과 실행력이 놀라워 고마웠다.

아이 교육에 있어 엄마의 독단이나 아집은 철저한 배제의 대상이어야 한다. 엄마가 아이의 잠재력을 예측하는 것은 불가항력이라는 판단과 '한 아이를 기르는 데는 온 마을이 필요하다'는 저 지혜로운 인디언 속담을 빌어 여러 방문 수업이나 예체능 위주의 수업을 경험케 했다. 통합적인 뇌호흡, 논술, 미술, 피아노, 태권도 등. 각각의 활동들이 직접적으로 어떤 영향을 미쳤는지를 확인할 길은 없으나 다양한 체험 속에 녹아들어 아이의 인성과 능력의 토대가 형성되었으리라 믿는다.

삼남매의 상상력은 공히 나에 비해 높은 수준이어서 대중매체 속에서 곧잘 실력 발휘를 한다. 다 같이 본 드라마나 영화이건만 엄마는 군데군데 문맥의 이해 불가로 SOS를 청한다. 그러면 아이들은 어쩌면 그렇게 이해를 잘하고 설명해주는지……. 이야기를 하다 보면 아이들 사이에서도 미처 깨닫지 못했던 내용이 더욱 분명해지기도 한다. 직접적으로 드러나는 이야기 외의 연결 고리는 각자의 상상력을 동원하는 것이다. 잘 컸다, 내 새끼들!!!

역도 선수 장미란은 세계 신기록을 달성할 때 하루에 30분씩 명상을 통한 이미지 트레이닝 훈련을 했다. 뇌는 실제와 상상을 구별하지 못하는 속성이 있다고 한다. 오감을 동원해 시상대에 서기까지의 자신의 모습을 아주 구체적인 부분까지 상상했다.

대한민국에 아들 가진 부모라면, 아니, 주변에 군대 갈 남자 아이를 알고 있는 대한민국 국민이라면 남녀노소 불문하고 알아두면 좋을 네이버 카페에 아래와 같은 글을 올렸다. 16년이라는 유구한 역사만큼이나 육·해·공군, 해병대와 의경까지를 총망라한 방대한 양과 질의 정보는 가히 독보적임을 자랑한다.

〈11중대 3소대 아들 ○○○훈련병을 생각하며〉

지금 이 순간 아들을 느껴봅니다. 11시 너머 잤는데도 2시 경에 깼습니다(확실히 나이를 먹는 모양입니다^^). 여러 가지 정황상 내 아들 ○○이는 어제 밤을 도와 자정을 넘겨 20km 행군을 했을 것 같습니다. 아니라면 지금 그냥 꿈나라겠고요, 6시 반 기상을 앞둔……. 근데 자꾸 지금 막 행군을 마쳤을 것 같아요, 텔레파시가. 소위 촉이 그래요. 금주가 4주차니까 딱 맞아떨어지지요?

20km 행군을 마치면 사람이 어떨까요? 민간인이 맨 정신으론 그럴 리 만무하고 군인이, 4주짜리 훈련병 군인이 그러면 어떨까요? 군인이라고 별 수 있겠어요? 애기 군인, 초죽음이지……. 어깨고 등이고 허리고 발이고 아파 죽겠지요. 온 몸뚱어리가 짐이 되어 거의 죽을 것 같겠지요. 힘들다는 것은 행군 중의 가장 보편적인 절대 우위의 감정이고 진짜 아

픈 것은 육체에서 오는 생생한 감각이겠죠, 통증이겠죠.

그런데 그 느낌만이 있을까요? 절대 그렇지 않겠죠. 모든 것이 끝났을 때의, 한계를 넘었을 때의 그 성취감, 환희심, 쾌감, 말로 다 못 할 짜릿함이 있겠죠!! 주위를 둘러보면 나랑 똑같은 몰골의 전우가 있겠지요. 서로 얼싸 안겠지요. 울기도 하겠지요. 기쁨의, 고통의, 혹은 희열의 감정이 뒤섞인……. 어쩌면 울음도 웃음도 아닌……. 땀범벅, 눈물범벅, 때로 침 범벅이 되겠지요. 그 잘생긴 얼굴들이……. 그런데 씻고 나면 아무것도 아니겠지요. 그 좋은 몸들은……. 4주간 난생 처음으로 나라 지키는 군인으로서 받은 다양한 훈련들이 그들의 몸을 행군을 위해 최적으로 만들었겠지요.

어쩌면 서로 발가벗고 씻으며 한바탕 웃고 나면 잊힐 감정일지도요……. 아니, 정확히 말하면 지나갈 감정이지요. 똑같은 상황, 똑같은 감정은 두 번 다시 없을 테니! 모든 사랑은 첫사랑이고 흐르는 강물에 두 번 발을 담글 수 없을 테니 말입니다.

이제 그때 남는, 내 아들이 지금 이 순간 느낄지 모르는 강한 연대의 전

우애와 앞으로 웬만한 거는 다 할 수 있겠다는 하늘을 찌를 듯한 자신감, 스스로 해냈다는 자신만의 뿌듯한 자존감이 그들 애기 군인들의 가슴 속에 화인처럼 각인되어 오래도록 남겠지요……. 그래서 두고두고 말하는, 먼 훗날까지의 소위 '라떼' 전설이 되겠지요. 남자는, 아니 멋지게 군인의 길을 택한 소수의 선택받은 진정한 남자는 그렇게 탄생되는 거겠지요…….

아, 보고 싶어요.

꼭 안아주고 싶어요.

행군을 장하게 마친 '용사' 내 새끼 ○○○과 우리 대한의 아들들♥♥

후에 신분(군대 계급)이 격상되고 핸드폰이 재개되고 첫 통화 시 첫 마디로 물었다.

"○○아, 아미타이거 어떻든? 힘들었지?"

"우와, 엄마, 그 말을 알아? 대단한데?"

"얌마, 엄마가 군에 대해서 요새 얼마나 공부를 많이 하는데? 유식해졌지? 공부 안 하고 군인 아드님과 대화가 되겠니?"

"히히, 암튼……. 20킬로미터 완전 군장 행군, 하기 전엔 좀 쫄았는데 하고 나니 아무것도 아니대. 진짜 너무 시시했어."

이것은 자신감의 도를 넘은 만용인가? 초등 동창생 친구와 동반 입대하여 둘이 꼭꼭 붙어 있는데, 조별로 하는 훈련 때 먼발치서 서로 얼굴 바라보며 씨익 웃으면 힘듦이 가신다고도 했다. 피 끓는 청춘들이 일정 기간 자유의지로 자유를 반납하고 국가의 부름 속에 있는 곳. 욕망과 욕구를 절제하며 최소화된 자유 속에 있는 그곳. 후방의 가족들을 지켜주는 전방의 든든한 '군인 아저씨' 내 아들. 모전자전인 아들은 낙천적 성격으로, 군대가 적성에 맞는다는 어마무시한 망발을 훈련병 시기를 마무리할 즈음 하기도 했다.

성별에 대한 직업의 장벽이 많이 사라졌다. 여성이 할 수 없는 남성 전유물의 직업은 이제 많이 없다. 남자가 일로서 할 수 있는 것은 여자도 다 할 수 있다. 대한민국은 여성 우주인도 탄생시켰다. 반면, 남자가 못하는 유일한 여자의 일은 출산일 것이다. 엄마인 내가 아무리 상상력―나는 스스로를 상상력의 부재자라 생각한다―을 발휘해도 알 수 없는 것이 군대 생활이었다. 요사이는 핸드폰도 소지하게 하고 과거에 비할 수 없이 환경이 좋아졌다고 하나 최초의 4~5주간인 훈련병 기간은 일체의 연락 두절로 귀신도 알 수가 없다. 원래 천하태평의 성격이어서 스스로에 대해서도 자식에 대해서도 큰 걱정을 않는 나이다. 믿을 만한 기관에서 진행하고 안전하기만 하면 웬만한 경험은 다 하게 해주고 싶다. 어린이집부터 지금까지 학교와 종교 단체 등에서 하는 모든 합숙 생활에 본인들이 희망하면 다 가도록 허락해주었다. 그런데 군대라는 특수한 사회 조직에 아들을 보내면서도 진정 걱정보다는 눈에 보이지 않고 소식이 전무함에 대한 궁금함만이 있을 뿐이었다.

20년 살아오는 동안의 내 아들을 내가 알고 믿고, 그 아이의 처세와 상황 판단력을 믿었다. 엄마의 믿음만큼 잘 자라주었다. 내 손과 레이더망을 벗어난 무지하고 신비한 그곳에 대한 궁금증을 해소하기 위해 카페에 주야장창 질문과 생활의 흔적을 남기고 잘 아는 군 대장 출신 지인께도 예를 갖춘 수준에서 궁금증을 해결하며 애써 답답함을 달래오고 있었다. 그러던 것이, 훈련 기간 동안 그렇게 애절하고 애틋하고 애잔하던 그 모든 애-, 애-, 애-들이 카카오톡이 재개되는 순간 일제히 사라진 것은 실로 감사하면서도 놀라운 일이었다.

상상력에 관해 느끼는 가장 놀랍고 아름다운 이야기는 이것이다. 성격이 딴판인 쌍둥이 형제가 있었다. 불평불만 대장인 형은 부정의 대명사요, 동생은 긍정적인 데다 낙관적인 성격이었다. 어느 해 겨울 크리스마

스에 아버지는 큰 트리 밑에 똑같은 선물 상자 두 개를 놔두었다. 상자 속에는 말똥이 들어 있었다. 형은 코를 싸잡은 채 "에이, 이게 뭐야?" 하며 화를 냈다. 동생은 "말똥이 있다는 얘기는 근처에 말이 있다는 거겠지요?" 하며 활짝 웃으며 마당으로 달려갔다. 동생의 상상대로 귀여운 망아지 두 마리가 제 주인들을 기다리고 있었다.

"어머, 안녕하세요? 서혜주 작가님 아니세요? 사인 좀 부탁드려요!"

뚜벅이 신세를 벗음과 동시에 기사 딸린 자가용이라니! 짙은 선팅 유리창에 선글라스까지 끼고 내리는 내 모습을 알아보는 독자 팬은 진정 초능력이라도 가졌단 말인가?

너무도 궁금하여 물어보았다.

"저, 그런데, 혹시 저인 줄 어떻게 바로 알아보셨을까요?"

나의 귀한 독자임이 틀림없는 그는 1초의 망설임도 없이

"작가님에게는 작가님 특유의 향기가 있으니까요. 차가 달려올 때부터 주변 공기가 다르던 걸요? 그래서 알아봤죠." 한다.

오오, 세상에……. 옛말에 화향백리(花香百里) 인향만리(人香萬里)라고 했던가?

수 년 내 있을, 최초의 소설 출판기념회 날의 정경을 상상해보았다.
인류의 꿈을 싹 틔우고 영글게 하는 오랜 마법인 상상이 꼭 이루어지기
를······.

3

인과 : 동전의 앞뒷면

/

얻은 것은 이미 끝난 것이다.
기쁨의 본질은 그 과정에 있으므로.
– 윌리엄 셰익스피어

인과란 원인과 결과의 합성어다. 원인이 있고 결과가 있다 혹은 원인이 있어야 결과가 있다는 뜻이기도 하다. 닭이 먼저냐 달걀이 먼저냐 하는 논제는 인과관계의 오래되고 영원한 딜레마다.

인과란 눈으로만 보면 쉬운 단어와 그 뜻이다. 그러나 내 삶에 들어오게 되면 느낌이 달라진다. 삶의 인과관계 중 수긍이 되지 않은 것들이 얼마나 많았던가. 살면서 수시로 던졌던 수많은 "왜?" 특히 "내가 왜?"의 물음들을 보면 말이다.

왜라는 질문에는 '왜냐하면'이 답으로 따라 나오는 게 수순이나 내 인생의 인과에서는 간단치가 않다. 눈에 보이는 이미 벌어진 결과는 어쩔 수 없다 하더라도 그 원인을 인정하기가 쉽지 않은 경우가 많다.

"왜 우리 부모는 그래?"
"어떻게 그/그녀가 내게 이럴 수 있어?"
"왜 나에게 이 병이 생겼지? 하고 많은 사람 중에 왜 하필 나냐고."

안 좋은 일을 당했을 때 사람들은 꼭 주변의 남과 비교하며 자신의 상황에 자위의 시선을 보낸다. 어제의 상황에서 나만 악화된 것 같은 느낌에 다른 사람에 대한 시기와 질투, 나아가 원망의 감정이 생겨나기도 한다. 더불어 사는 사회에서 인과는 주변 사람들과의 상호작용 속에서 벌어지는 일들이 대부분이지만 원인은 많은 경우 내 안에 있다. 내 안에서 답을 찾음이 옳을 것이다. 내 심신의 관리 소홀로 빚어진 여타의 문제들.

병은 가족력을 포함한 기저 질환 등 자신에 대한 기본 지식 부재로 일어나는 경우가 많겠다. 또는 평상시의 생활 습관에서 발병하기도 한다. 아무런 전조 현상 없이 어느 날 갑자기 생기는 병은 드물 터이다. 속에서 일어나는 원인을 알기가 어렵다면 병이라는 결과로서 나타나기 전 몸이 우리에게 보내는 신호를 잘 알아차리는 것이 중요할 것이다. 그러기 위해서는 몸을 아끼고 몸과 친하게 지내야 한다. 몸과 나누는 대화가 필요하다.

사람 사이의 인과는 관계에서 비롯된다. 우리 부모의 이야기는 그 윗대 조상님까지 거슬러 올라가야 알 문제니 접어두기로 한다. 배우자의 문제는 나와 직접적으로 관계가 있다. 내가 부모일 때 자식의 문제는 나와 더 깊은 관련이 있다. 부모 자식 간의 이야기를 다룰 때 단골 명제가 있지 않은가. '문제 자녀는 없고 문제 부모만 있을 뿐이다.' 나는 자녀의 이러저러한 현상학적 결과에 직접적인 원인 제공자일 확률이 아주 높다. 미혼일 때는 뭣도 모르면서 부모-자식 간의 잘못이나 책임의 비율을 따진다며 꽤나 합리적이라고 판단하여 51:49로 생각한 적이 있었다. 그런데 부모가 되고 보니 엉터리였음을 알겠다. 부모-자식 관계에서 유약하기 그지없는 자녀에 대한 부모의 영향력은 99나 100에 가깝다! 그런데 부모가 그걸 모르고 있다. 슬픈 현실이다. 몰라서 알려주면 이젠 인정하지 않는다. 자존심 등의 이유로 인정하기가 싫은 것이다. 무지도 잘못이고 죄이지만 인정하지 않음도 그에 못지않다. 인정하지 않으면 더 이상

앞으로 나아갈 수가 없다. 이도 저도 해결이 안 되는 것이다.

부정적인 상황을 상정하고 질문하다 장난삼아 "왜 나는 건강해?" 하는 순간 뇌가 깬다. 안 좋은 쪽으로의 질문만 할 것이 아니다. 좋은 질문, 긍정의 질문을 하면 그 답을 찾기 위한 과정에서 전혀 새로운 국면이 펼쳐진다. 저 유명한 『더 시크릿』에서 말하듯 말에는 에너지가 있어서 긍정어는 긍정의 에너지를, 부정어는 부정의 에너지를 몰고 다닌다. 테레사 수녀님은 시자의 '전쟁'에 '반대'하는 시위에 나가주십사 하는 말에 반응하지 않았다. 대신 '평화'를 '옹호/지지'하는 시위에 참여하겠노라 답했다. 건강한 이유를 찾고 찾다 보면 더 건강할 수 있는 방법을 연구하고 골몰하게 될 것이다.

자신에 대한 깊은 성찰을 위해서는 중요 질문을 스스로에게 던져보는 것이 꼭 필요하다. 자신을 3인칭으로 객관화해서 보면 새롭게 달리 보인다. 인간은 복합적 인격체이기 때문에 한 가지 질문에 한 가지 답만이 정답이기는 어렵다. 단계를 더해가며 5 Whys를 묻다 보면 많은 답 중 명답을 얻을 수도 있을 것이다. 자신과 대화하는 기술은 간절함을 토대로 자신의 뇌를 믿고 스스로에게 하는 기법이다. 질문이 정확하면 답도 정확

할 것이다.

"왜 하필 나야?"가 아니라 언제나 무슨 일이든 나도 대상이 될 수 있다는 가능성을 인지하고 인정하자. 세상의 모든 좋은 결과들에 내가 더 많은 원인이 될 수 있도록 살아보자. 반대로, 그렇지 않은 결과에 나를 원인으로 하는 것은 되도록 피해갈 수 있도록 살아보자.

"엄마, 우리는 왜 이리 예뻐?"
"어머니, 예쁘게 낳아주셔서 고맙습니다."

새 봄을 맞아 한창 사랑에 눈을 뜨는 딸들이 그들을 있게 한 엄마에게 요사이 하루가 멀다 하고 하는 말이다. 지는 해가 마지막까지 혼신의 힘을 다함으로써 내일의 새로운 태양은 더욱 붉을 수 있을 테지. 내가 과거라면 너희는 현재요, 미래지. 나는 원인이고 너희는 위대한 결과인 게지.

4

정화 : 0점의 자리로 돌아오다

/

누군가를 미워하고 있다면,
그 사람의 모습 속에 보이는 자신의 일부분인 것을 미워하는 것이다.
나의 일부가 아닌 것은 거슬리지 않는다.
— 헤르만 헤세

출생 때 지고지순했던 우리는 만 한 돌이 지나 정수리 대천문이 닫히면서부터 오염이 시작되었는지도 모른다. 백회 주변이 호흡을 위해 오르락내리락 말랑말랑하던 아기 때에는 하늘과 땅의 기운을 그대로 받았으나 생각이 들어가고 언어를 배우고 탁한 음식들을 몸에 넣으면서 본연의 모습에서 점점 멀어져갔다.

생명의 잉태에서 탄생까지의 과정 중 가장 중요한 때가 언제일까? 매

단계마다 중요하겠지만 수정되는 단계가 으뜸이 아닐까 한다. 서른 살 다소 늦은 나이에 결혼하여 바로 아기를 가질 준비를 했다. 한의원에 가 진맥을 하고 차가운 몸에 맞게 약을 지었다. 아들에 대한 욕심은 여자에게 더 있었던지, 아니 내가 별스러워 인터넷으로 성별 마음대로 골라 낳는 방법을 찾아보기에 이르렀다. 몸이 지극히 건강한 데다 한약의 도움으로 곧바로 잉태가 되었다. 이제부터가 중요하다. 조선 중기 사주당 이씨가 지었다고 전해오는 〈태교신기〉를 인터넷에서 출력해 코팅을 하고 가방에 넣어 다니며 열 달 내내 좋은 마음자리를 유지하도록 태교하였다. 둘째, 셋째 때도 마찬가지다. 각각의 태명인 세흠, 보라, 꽃별을 불러주면서 낮이고 밤이고 어루만져주고 쓰다듬어주며 말을 걸고 책을 읽어주었다. 〈태교신기〉에서 가장 인상 깊었던 대목은 '태어나서의 10년 교육이 배 속 열 달 태교만 못하고 열 달 태교가 잉태되는 순간의 정기만 못하다'는 부분이다. 정성 어린 태교 덕분인지 예쁜 꼴을 가지고 태어난 아이들이 이제까지도 그랬듯 앞으로도 꼴값을 잘하며 살 것을 바라마지 않는다.

기초공사를 잘해야 건물이 튼튼하듯 시작부터 잘해야 했다. 인간의 평생의 역사와 관계된 일이 아닌가. 애시당초 기반이 좋으면 나빠질 확률이 적고 나빠지더라도 적은 노력으로 빨리 좋게 회복할 수가 있다. 정화의 원리도 그러하리라. 늘 조화롭고 완전한 0점에 가까운 상태를 유지하면 잠시 잠깐 오염되더라도 원상 복귀가 쉬울 터다.

정화의 대상은 몸, 마음, 정신까지도 아우른다.

몸의 정화는 첫째 무엇보다 입으로 들어가는 음식물에 신경을 써야 함이다. 식약동원이라 사후약방문으로 약을 쓰기 전에 좋은 음식을 먼저 먹을 일이다. 미리부터 잘하면 약값이 굳는다. 사람의 체온보다 낮은 것을 먹게 되면 이물감을 느낀 몸이 보호 기제를 발동하게 된다. 따라서, 사시사철 적어도 찬물을 벌컥벌컥 들이키는 일만큼은 지양해야겠다. 올바른 지식에 따른 통으로 꿰는 작은 습관, 작은 실천들이 모여 큰일을 이룬다.

입으로 들어가는 것은 그나마 내 의지로 쉽게 조절이 된다 하겠지만 마음의 정화와 정신의 정화는 개인이 혼자 하기 쉽지가 않다. 그럴 때는 주변에 도움을 청해 받으면 된다. 명상이나 호흡 등이 좋은 방법이 될 수 있겠다. 적절한 음악과 메시지가 추가된다면 더욱 효과적이고 금상첨화이다.

정화의 최고봉은 무의식 정화일 것이다. 현상과 실체에서 해결되지 못하는 문제들을 보다 깊은 근원으로 들어가서 해결하는 것이다. 자타 공히 미용감사(미안합니다-용서하세요-감사합니다-사랑합니다)의 기법이 활용되기도 한다. 자신에 대해 '미안합니다, 용서합니다, 감사합니다, 사랑합니다'를 하고 모든 의미 있는 타인에 대해서도 '미안합니다, 용서해주세요, 감사합니다, 사랑합니다'를 한다. 이날 이때껏 함부로 부려 쓰며 혹사만 했지 미안하고 고맙다는 생각을 미처 못 했던 나의 몸에게, 특히 아픈 부위에게 진심 어린 '미안합니다, 용서하세요, 감사합니다, 사랑합니다'를 마음속으로 조용히 읊조린다.

담배를 즐겨 피우는 대학 동기들 4인방 사이에서 시종일관 꿋꿋하게 금연을 유지했었다. 기관지가 약하기도 했지만 몸에 나쁜 것은 자발적으로 선택하지 않겠다는 굳은 결심이 먼저 있었다. 스스로 보호하고 조심해도 환경의 영향으로 피치 못 하게 안 좋은 일이 생기기도 하는데 스스로 나쁜 환경을 만들고 싶은 마음은 없었다.

첫아이가 삼복더위 중에 태어났다. 의사와 간호사를 오히려 리드하는 호흡법으로 분만실에서 소문이 났다. 초산의 산모가 큰 소리 한 번 없이 아기를 낳은 대범함과는 달리 엄살로 오해받는 작은 겁은 얼마나 많은지. 손톱 밑에 박힌 가시가 성가시고 아파서 죽을 것 같다. 담이 걸려 목이 잘 돌아가지 않아 한의원에서 경추를 바로 잡아 줄 때 죽는다고 고함을 지른다. 조리원에서, 욕실에서 샤워를 하고 머리에 물기가 뚝뚝 떨어지는 채로 맨발로 걸어 나오던 산모를 보았다. 미래의 산후풍을 알 수는 없지만, 타산지석이 떠오르며 속으로 '저건 아닌데.' 했다. 초 7일 경 힘든 몸 상태 때문에 조리원을 나와 집으로 왔다. 뚝심인지 오기인지 겁보여서인지 산후조리의 모범을 철저하게 지켰다. 부분 목욕을 하고 욕실에서 나올 때 옷과 양말까지 다 챙겨 입고 나왔다. 냉장고 문을 직접 벌컥 여는 일도 없었으며 찬 음식은 미리 상온에 두었다가 외기로 미지근해지면 먹었다. 7부 내복을 사 입을 생각을 왜 못 했던고. 손목, 발목까지 오는 내복을 아래위로 입어서 열흘쯤부터 땀띠가 났는데 모유 수유하던 신생아와 직접 살이 맞닿아도 그것이 전염되지 않음에 신의 가호를 느꼈다.

21일 만에 전신 샤워와 함께 비로소 머리를 감으니 밀가루를 푼 듯 하얀 물이 나오는 것이 아닌가! 신기하면서도 놀라웠다. 23개월 뒤 태어난 둘째도 여름 생이었는데 그땐 이전 경험을 반면교사 삼아 좀 덜 미련하게 하였다. 요령도 생겨서 삼칠일을 뽀송뽀송하게 보냈다. 막내는 늦은 11월생이다. 세 번의 경험으로 말하건대 여름보다 겨울 출산이 훨씬 더 신경 쓰이고 번거로운 일이더라. 여름엔 산모 혼자만 독하게 마음먹고 조심하면 될 일이지만 겨울엔 바람이라는 대자연 환경 때문에 혼자의 노력만으로는 산후 후유증으로부터 스스로를 지키기가 염려스러웠다.

자연분만은 엄마 몸의 206개 뼈의 모든 마디마디와 365개의 혈이 서서히 다 열리는 과정이다. 출산으로 완전히 새로운 몸이 되는 것이다. 산후에 몸의 체질이 완전히 바뀌기도 한다. 어떤 의미에선 제로 베이스의 상태, 최고로 정화된 몸 상태라 할 수 있겠다. 9시간에 걸쳐 삼천 배를 마쳤을 때, 흡사 출산한 것과 같은 몸 상태가 되었다고 미역국으로 몸을 보해주는 것도 같은 이치이리라.

나에게 혜주(惠珠: 은혜로운 구슬=지구)라는 이름을 지어주신 외할아버지의 함자가 정화이시고, 41세에 내 몸에 2주간 머물렀던 내 생애 네 번째 아기의 사후 이름이 정화이다. 정자가 돌림은 아니건만 3남매 이름에 모두 정자가 있다.

임신 시약기에서 2줄을 확인하고 반신반의하며 병원을 찾았다. 의사의, "애기가 움직이지 않네요."라는 말이 처음엔 무슨 말인지 몰랐다. "예?", "자라지 않는다고요. 제 주수만큼 크기가 크지 않다고요." 그리고 침묵. "다음 주에도 변화가 없으면 수술해야 합니다." 두 번째의 "예?" 아기가 더 이상 자라지 않으면 인위적으로 소파수술을 해서 아기집을 깨끗이 해줘야 한다는 의사의 부연 설명이다.

병원에서 받아온 약을 사용했더니 조금 지나 배가 사르르 아파 온다. 화장실에 갔는데 계란 한 알 정도 가량의 핏덩이가 나왔다. 수정란이 그렇게 스스로 사망하기도 한단다. 슬프게도 모체에서 잘 자랄 수 있겠다는 가능성을 못 느꼈을 때. 비닐에 조심스럽게 담아 병원에 가져갔다. 그렇게 알아서 떨어져 나간 바람에 몸에 칼을 대지 않아도 되었다.

바로 그 주 일요일이었던가, 일부러 길상사를 목적지로 택했다. 준비해 간 약간의 사탕과 초콜릿으로 작은 탑을 쌓아주고 속으로 '잘 가거라, 아가.' 인사하고 이제 마음에서도 떠나보냈다. 예민한 성격상 나의 불찰로 새 생명을 잃었다면 오랜 시간 아니 평생 자책으로 힘들었을 것이다.

몸에 좋지 않은 것을 가하게 되면 원상복귀하는 데 두 배 이상의 시간과 에너지와 노력이 든다. 해로운 것을 하지 않으면 그나마 좋은 상태로의 유지가 용이할 터이다. 수련을 통해 몸을 정화시켜 냄새를 향기로 바꾸고 싶다. 실제 몸에서 좋은 향이 나오는, 수행의 향기가 느껴지는 수행자이면 좋겠다.

5

창조 : 오늘의 나는 미래의 나를 돕는다

/

밤이 있으면 낮이 있게 마련이다.
일 년 중 밤의 길이는 낮의 길이와 같다.
어느 정도 어둠이 있어야 행복한 삶도 존재한다.
행복에 상응하는 슬픔이 부재하다면,
행복은 그 의미를 상실해버리고 만다.
– 칼 융

2001년 9월, 아들이 갓 돌이 지났을 때 아들의 증조모, 곧 나의 외할머니가 돌아가셨다. 근래 외할머니를 뵌 것은 2년 전 결혼식에 대구에서부터 노구를 이끌고 어렵게 올라오셨을 때와 100일이 지난 증손을 KTX 타고 내려가 안아보시게 해드린 때였다. 이제 할머니의 부고로 고향을 가며 말도 못 하는 아이에게 혼자 넋두리 삼아 죽음을 설명할 말을 찾고 있었다. "○○아, 죽는다는 건 말이야 다시는 만날 수도 다시는 안을 수도 다시는 이야기할 수도 다시는 함께 웃을 수도 다시는 눈을 마주 볼 수도 다시는 어디 같이 가지도 못하는 거란다." 온통 못 하고 안 되는 것 투성이라는 설명을 하며 그렇다, 이것이 죽음이라고 직시했던 순간이 있었다. 머릿속으로는 알지만 표현되지 않았던 것이 입으로 표현되는 그 차이 속에서 깨달아지는 게 있었다. 말로 표현하니 내 목소리가 뇌로 들어가 듣게 되고 그 말이 살아 움직였다.

마음의 알갱이인 말은 글과 더불어 곧 그 사람이다. 빈말하지 말 일이다. 말은 에너지라 한 번 입 밖으로 나간 말은 공기 중에 우주 속에 에너지로 떠돈다. 긍정과 부정 중에 절대적으로 긍정어를 쓸 일이다. 부정어는 부정의 에너지를, 긍정어는 긍정의 에너지를 몰고 다니니까.

오래 전 연세대 사회학과 조한혜정 교수는 대물림이란 표현을 했다. 혈통 간에는 유전자 속에, 피를 통해 내려가는 무형의 무언가가 있다. 가정의 문화가 중요하고 가정환경이 중요하고 가정교육이 중요한 이유다. 엄마, 아빠가 주구장창 뱉어내는 반복적인 부정의 말들, 기준을 0점에 두지 않고 자기 관점에서 하는 편파적인 말들을 듣고 자라는 아이는 무의식중에 그런 사고가 자리 잡게 된다. 심리학에 이중 구속(Double Bond)이라는 말이 있다. 부모가 자녀에게 말과 다른 행동적 사인을 주는 경우 아이는 혼돈에 빠져 궁극에는 정신분열까지도 일으킬 수 있다고 한다. 불일치의 시그널을 지속적으로 보고 들으면 제 정신으로 살 수 없다는 거다. 말과 행동이 일치된 인간. 건강한 사람. 자신을 위해서도 남을 위해서도.

우리는 자식으로 하여 인생을 다시 산다. 한 세대 전 내가 가지고 놀았던 마론 인형, 예쁜이 인형을 내 딸들이 가지고 놀고 당시의 딱지와 구슬놀이, 공기놀이 등을 유행이 돌아와 우리의 자녀들이 하고 논다. 내가 애들에게 입버릇처럼 하는 말들이 내 손자, 손녀들에게 그 부모(=자녀들)의 입을 통해 내려갈지도 모를 일이다.

태초에 소리가 있었다. 사람은 고고성을 울리며 태어난 이래로 하루하루, 순간순간이 창조의 연속이다. 창조는 크게 말과 행동의 두 가지 형태로 나눌 수 있을 것이다. 마음과 생각이 말로 나오고 더 나아가 행동으로까지 이어진다.

"사랑이 머리에서 가슴으로 내려오는 데 70년 걸렸다."라고 일찍이 김수환 추기경님이 말씀하셨다. '머리에서 가슴까지 가는 길이 가장 멀다'는 말, 경험에 비추어 너무도 공감되는 말이다. 그리고 뜨거워진 가슴에서 움직이는 발까지 가는 길은 그보다 더 멀지도 모른다.

창조 활동은 너무도 많다. 수준의 고하를 따지지 않고 취미로, 즐기기 위해 하는 예술적인 영역도 많다. 원래 좋아하고 잘하는 것보다 즐기는 수준이 가장 높은 경지라고 일찍이 공자님이 말씀하셨다. 음악적 영역으로는 노래하기, 작사/작곡하기, 악기 다루기 등이 있겠다. 다양한 미술/예술 활동이 있겠고 체육적 활동으로는 춤추기, 무용, 체조, 운동 등의 예를 들 수 있다. 그리고 문예 창작 활동으로는 글(시, 수필, 동시, 소설 등)쓰기, 붓글씨, 기타 다양한 창의적인 예술 형태도 많다.

회사나 조직에서는 보다 큰 성과를 위해 한시적으로 팀을 조직해 운영하기도 한다. 개인의 힘보다 단체의 힘이 더 큼은 당연하다. 더욱이 전체는 부분의 합 이상이어서 팀원 간 역동 속에서 시너지가 나오고 예상치 못한 좋은 성과를 내기도 한다. 창조는 파괴가 아니어서 모름지기 나와 너를 포함한 모두에게 이로운 것이 바람직할 것이다.

아무것도 하지 않으면 아무 일도 일어나지 않는다. 우주 삼라만상을 창조하신 신의 형상을 따라 만들어진 인간도 창조의 주체이다. 나의 하루하루의 우주 속에서 많은 창조를 이루어내리라. 새벽 루틴 습관으로 글쓰기를 창조하고 하루 한두 번의 끼니를 정성으로 창조하고 잠을 자면서는 꿈마저도 창조하리라. 일련의 유의미한 창조 활동으로 오늘의 나는 미래의 나를 돕고 있다.

"미래는 현재 우리가 무엇을 하는가에 달려 있다."
– 마하트마 간디

"생각하는 대로 살지 않으면 사는 대로 생각하게 된다."
– 폴 부르제

6

변화 : 아! 하던 내가 있었다

/

시간이 해결해준다는 말이 있지만,
실제로 일을 변화시켜야 하는 것은 바로 당신이다.
– 앤디 워홀

"이 세상에서 변하지 않는 유일한 진실이 있는데 그것이 무엇인지 아
는 사람?"

담임 선생님의 질문에 6학년 5반 학생들 모두 고개를 갸웃거린다. 어
느덧 40년 전의 이야기다. '변하지 않는 유일한 진실?', '무슨 질문이 저
래?', '어려워!' 아이들의 속마음이다.

인내심이 많으신 선생님은 질문의 난이도를 고려하여 오래도록 답을
기다려준다. 그럼에도 아이들이 술렁이기만 할 뿐 묵묵부답이자 그제야

직접 답을 말씀해주신다.

"이 세상에서 변하지 않는 유일한 진실은 바로 '모든 것은 변한다'는 사실이란다."

'에잉? 이건 또 무슨 선문답 같은 소리래?' 아이들은 답을 듣고 더한 혼돈에 빠지는 기분이다.

그 아이가 자라서 반평생을 살고 보니 그때 그 말씀이 사실이지 않은가. 세상은 시간이라는 마법에 의해 변하지 않는 것이란 하나도 없다. 형체를 가진 것은 물론이거니와 모양이 없는 것도 시간이 흐르면서 그 개념이나 의미, 내용 등이 바뀌기도 한다. '모든 것은 변한다' 혹은 '변하지 않는 것은 없다'란 명제는 영원불변의 참인 명제인 듯하다.

그렇다면, 변화에는 크게 두 종류가 있겠다. 현 상황보다 나아져서 발전이라 명명할 수 있는 좋은 쪽으로의 변화와 반대인 퇴보라 일컬을 수 있는 그렇지 않은 변화. 그런데 여기서 좋다와 그렇지 않다(=나쁘다)의 가치 판단에 대해서 또 이의를 제기할 수가 있겠다. 선악이나 미추, 빈부, 명암처럼 한 단어에 반대 의미를 다 가진 글자들은 누가 기준을 어떻게 정하느냐에 따라 판단이 달라질 것이다. 그러니, 착하거나 악하거나, 아름답거나 추하거나. 부자이거나 가난하거나, 밝거나 어둡거나에 대한 판단은 보편타당성을 따르기로 하자. 보편타당성이란 누가 보아도 객관적인 혹은 무리에서 과반수나 3분의 2 이상이 지지하는 다수결을 가리킨다고 약속하자.

인간만사 새옹지마라고 한다. 방금 일어난 변화가 당장에는 불행을 의미하거나 손해를 보는 듯이 느껴지지만 시간이 흐름에 따라 상황이 반전되는 경우가 있다.

중국 국경 지방에 한 노인이 살고 있었는데 어느 날 노인이 기르던 말이 국경을 넘어 오랑캐 땅으로 도망을 쳤다. 이에 이웃 주민들이 당장의 손실을 언급하며 위로의 말을 전하자 노인은 "이 일이 복이 될지 누가 압니까?" 하며 태연자약했다. 몇 달이 지난 어느 날, 도망쳤던 말이 암말한 필과 함께 돌아오자 주민들은 "노인께서 말씀하신 그대로입니다." 하며 축하하였다. 그러나 노인은 "이게 화가 될지 누가 압니까?" 하며 기쁜 내색을 하지 않는데 며칠 후 노인의 아들이 그 말을 타다가 낙마하여 그만 다리가 부러지고 말았다. 이에 마을 사람들이 다시 위로를 하자 노인은 또다시 "이게 복이 될지도 모르는 일이오." 하며 표정을 바꾸지 않앗더란다. 그로부터 얼마 지나지 않아 북방 오랑캐가 침략해 와 징집령으로 젊은이들이 모두 전장에 나가야 했는데 다리가 부러진 노인의 아들은 전장에 나가지 않아도 되었단다. 참으로 지혜롭고 앞을 내다보는 혜안을 가진 노인이었다.

세상살이가 갈수록 힘들어지는가? 점점 쉬워지는가?

100년 전 대한민국의 생활상과 현재의 모습을 비교해볼 때 어느 때가 더 살기 좋았을까? 그리고 구성원들이 실제로 느끼는 행복에 대한 정도는 어떠했을까? 세탁기도 없고 온수도 안 나오고 전기도 없고 아이들을 줄줄이 낳아 개별적으로 세세한 민감성도 모르고 기르던 시대와 빨래 마르는 시간도 아까워 건조기에, 손에 물 묻힐 필요 없는 설거지 기계에, 건강의자까지 있는 단란한 핵가족화 시대의 비교. 누가 봐도, 보편타당성으로 후자가 훨씬 살기 좋은 세상이 아닌가? 그런데 국민들이 느끼는 행복 지수는 다른 이야기를 하고 있는 것 같다.

한강의 기적이라는 전대미문의 변화가 있었는데 왜 살림살이는 더 힘들어졌을까? 진정 왜일까? 살기가 나아졌다고 삶이 나아지는 건 아니라고 한다. 문제는 사람의 차이라고 보인다. 사람이 다르기 때문이다. 사람의 가치관이, 인식이, 의식이 달라졌기 때문이다. 이전엔 자급자족하며 안분지족하며 형편껏 분수껏 강인하게 살았다면 오늘날은 정작 타인은 관심도 없는데 스스로 남과 비교하는 경쟁심에, 다양한 스트레스에, '빠르게'만을 외치는 행동 양식과 해로운 먹거리에, 영양 과잉과 운동 부족으로 체격은 좋아졌으나 약해진 체력 등으로 꿈도 희망도 없이 사는 것 같다.

세상을 바꾸는 방법은, 내가 바뀌는 것이라 한다. 내(인식)가 바뀌어 세상을 해석하는 방식이 변화하면 세상을 보는 눈이 달라져 세상이 달리 보이고 체감하는 행불행도 바뀐다.

여기서의 변화는 남이 가져다주거나 주변 환경이 변하는 것을 의미하지 않는다. 오로지 순순한 자기 자신의 변화이다. 한 사람이 어떤 형태로든 좋은 쪽으로 변화하면 자기 자신은 물론이거니와 주변인들이 금방 알아차린다. 좋은 변화에는 향기가 있고 사람의 눈은 보편적이어서 그것을 서로 알아보는 것이다. 그것이 진정한 변화이고 참 행복이다. 놀이터에서 친구와 싸웠는지 울고 들어오는 아들을 보며 안아주며 달래기보다 첫마디가, "어떤 놈이 그랬어?" 하던 머리형 엄마가 오랜 시간을 두고 서서히 가슴형 인간으로 변하고 있다.

손자를 데리고 나온 한 할머니가 줄 서 있는 다른 아이들은 외면한 채 자기 손자만 그네를 타게 해 아이들의 불만이 폭발하기 직전인 일이 있었다. 마트를 가면서 줄 서 있던 우리 집 남매를 보았는데 갔다 올 때까지도 그 자리였다. 몇 번 돌고도 더 타려는 것인가 싶어 "탈 만큼 탔으면 이제 들어가자." 했는데 아직 한 번도 못 탔다는 것이다.

이유를 들어 보니, 애들이 불평이나 반발의 말을 못 할 것을 노린 어른의 횡포 때문이었다. 다툼이나 분쟁의 여지가 있는 곳에 스스로를 두는 것을 허락하지 못하던 나였다. 싸움이 불편하고 그런 상황 자체가 무서웠기 때문이다. 그런데 그날의 쾌거는 잊을 수가 없다. 뒤에서 지켜보는 새끼들의 똘망똘망한 6개 눈동자의 힘을 받아 말했다. "할머니, 여기 이렇게 애들이 오랫동안 줄을 서 있는데 댁의 손자만 계속 태우시면 어떡합니까? 어른이 되셔서 애들이 뭘 보고 배우겠습니까?"

내가 들어도 떨리는 목소리를 누르고 콩닥거리는 가슴을 진정시키며 말했다. 가슴팍에 아이언맨처럼 힘 센 용기가 장착된, 할 소린 하는 정의로운 사람이 되어가고 있었다. 엄마라는 타이틀이 올바른 변화에 한몫함을 인정하지 않을 수 없다.

수 년 전 엄마 얼굴에선 표정을 모르겠다던 평가를 받던 엄마가 재미있어지고 귀여워져서 아이들 표현으로 "오호, 우리 엄마가 달라졌어요!"라는 말을 듣고 있다. 아이들의 눈은 정확하다. 좋은 쪽으로 달라졌다는 평가는 엄마에게 최고의 찬사이다. 내가 나를 보아도 변화됨을 알겠다.

사람이 갑자기 너무 변하면 안 된다고도 한다. 그러나 변화는, 기운은 순식간에 일거에 바뀌는 것이다. 환골탈태. 변화하리라고 마음먹는 그 순간에, 뜻을 세우는 순간에 이미 하늘은 반 이상 도움을 주신다. 시작이 반이라고도 하지 않나.

학생들의 평가 제도에도 감히 변화가 필요하리라고 본다. 성적에 대한 상대 평가로 누구보다 잘했고 못했고를 따지기보다 한 개인의 내면에서의 변화 발전에 대해 상을 줄 일이다. 각고의 노력으로 어제보다 나아진 오늘의 모습에서 학생에게 변화상(노력상이나 진보상)을 주어야 할 것이다. 실제 전에 비해 향상된 수영 실력을 높이 사 개인 내면의 변화된 모습에 대해 상을 수여하는, 지인의 호주의 학교처럼 말이다.

고인 물은 썩는다. 행복하기 위해서라도 구태의연함보다 변화를 선택하자. 변화가 쉬우려면 유연함을 짝으로 견지하는 것도 한 방법이겠다. 얼마의 시간이 흐르고 보면 아! 하던 내가 있더라.

"아무것도 변하지 않을지라도 나 스스로가 변하면 모든 것이 변한다."

– 오노레 드 발자크

HAPPINESS CONSENSUS

3장

존재하기

그 자리에 있다

마음속 염원이 현상에서 이루어지려면 나와 보이지 않는 세상은 얼마만큼의 기도와 노력과 에너지 등을 필요로 할까?
행복한 한 인간으로서 존재하기 위해 바람직하게 요구되어지는 성품이나 덕목에는 어떤 것들이 있을까?

행복하게 존재하기 위해,
나에게 간절함이 있으면 좋겠다.
나에게 정성이 있으면 좋겠다.
나는 정직한 사람이면 좋겠다.
나는 책임감 있는 사람이면 좋겠다.
나는 소유를 잘 이해하는 사람이면 좋겠다.
나는 통찰 있는 사람이면 좋겠다.

자신이 감동할 간절함
자신이 감동할 정성
자신이 감동할 정직
자신이 감동할 책임감
자신이 감동할 소유 개념
자신이 감동할 통찰
나만의 체험 존재하기로 행복에 합의해보자.

1

간절함 : 맨 마지막까지 남을 마음의 정수

/

제비 한 마리가 왔다고 여름이 온 것은 아니요,
날씨가 하루 좋았다고 여름이 온 것은 아니다.
이와 마찬가지로, 하루 또는 짧은 시간의 행복이
그 사람을 완전히 행복하게 하는 것은 아니다.
– 아리스토텔레스

제주항공이 괌으로 신규 취항을 하면서 서울시와 MOU를 맺고 가족 3
대를 대상으로 4박 5일 패키지여행을 보내 주는 환상적인 프로젝트가 있
었다. 주민센터로부터 신청해보라는 전화 연락을 받고 얼마나 가고 싶었
는지 몰랐다. 몇 날 며칠 생각만으로도 설레고 우리 가족이 뽑히기라도
한 양 이런저런 상상의 나래를 펴며 잠이 오지 않았다. 건강이 좋지 않은
엄마 대신 아버지를 모시고 가야겠다고 혼자 정해놓고 있었다. 아이들
은 열외 없이 셋 다 가능한 것이, 최대 다섯 명이 총원인데 숫자가 딱 맞

아 떨어지지 않는가. 문제는, 단 한 가족만 선정된다는데 그 어마어마하게 희박한 확률을 어찌 내 것으로 만들 것인가! 서울시 전체 25개 자치구에 공문이 동시에 뿌려졌을 것이고, 그러면 도대체 얼마나 많은 가구들이 응모를 할 것인가 말이다.

초벌로 써두었던 내용을 신청서에 다시 한 글자, 한 문단마다 심사숙고하며 써내려갔다. 이메일로 보내기 전에 양식에 없던 하나 더를 추가하였다. 아이들의 얼굴이 들어간 A4 사이즈의 출력물. 어릴 적 수영장에서 신나게 놀던 장면을 포착한, 3각 구도가 안정적이고 등장인물이 예쁜 사진이었다. 감성과 호소력 짙기를 노려 일부러 흑백으로 출력하였다. 궁즉통, 간절하니 뇌의 특별한 기능이 발휘되고야 만 것이다. 오오, 그것이 주효했음은 출국하던 날 공항에 첫 인사 겸 배웅 나온 시청 공무원의 말로 알 수 있었다. "애들이 예쁘더라구요~." 아, 그랬구나! 심사위원들이 남들에겐 없는 사진을 보았고, 그것이 제 역할을 하고 추가 점수를 얻어 결국 뽑힌 거로구나! 쾌재를 올렸다. 전 가족 3대가 나오는 사진이 홍보지에 실릴 수 있고 다녀 와 여행 후기를 쓴다는 조건은 신청 시에 이미 알았다. 꽁을 가는데 기관지에 얼굴 좀 나오는 것이 대수랴! 여행담은 주제를 잘 잡아 능히 잘 쓸 자신이 있었다.

아이들은 물 만난 고기로 오전 오후 수시로 풀장을 들락날락거렸다. 체류하는 동안에 허물이 몇 번씩 벗겨졌으니 말 다 했다. 물이 바뀐 때문인지 여행 기간 내내 아버지는 속이 안 좋으시고 약으로도 별 차도가 없었다. 이윽고 출국 전날, 아쉬운 마음에 수영장에 한 번만 같이 가 보시자고 조심히 권하였다. 손자들이 물과 한 몸이 되어 노는 모습에서 그 옛날 동무들과 시내에서 멱 감던 모습이 연상되기라도 하셨을까, 이내 적응하시고 즐기셨다. 더욱이 얼마 지나지 않아서는 물 미끄럼틀을 타겠다고 하시는 것이 아닌가! 평소 협심증 약을 복용 중이셨고 갑자기 심장이 놀라지 않으실까 크게 걱정되었다. 건장한 수영장 가드에게 아버지의 연세와 건강 상태를 얘기하며 내려오실 때 잘 잡아달라 부탁하였다. 미끄럼틀 꼭대기로 올라가는 계단을 아버지와 함께 오르며 신신당부를 했다. "아버지, 머릿속으로 천천히 상상하세요. 호흡 고르시고, 뇌에게 말씀하세요. 내가 이제 높은 곳에서 아래로 내려간다. 뇌가 알아차리고 준비하게요. 갑자기 놀라지 않게 안심시켜주세요. 그리고 내려올 때, 진짜 아주 천천히 조심히 내려오셔야 됩니다." 마침내 미끄럼틀 정상에 서신 아버지! 내려오는 길이가 짧아 몇 초 걸리지도 않았다. 출발한 이상 제어가 어려워 속도는 다소 빨랐지만 바로 앉은 자세로 잘 내려오셨고, 입수하면서 조금 비틀거려 물을 먹은 것 외엔 아주 완벽한 착지였다. 가드가 아버지를 재빠르게 일으켜 세우며 엄지 척을 해보였다. 여행 말미에 그런 용기 있는 아버지 모습에 감명 받아 쓴 괌 여행기의 제목은 대학 1학년 교양 영어 한 과의 제목이기도 했던 'The show must go on!'이다. 씩씩한 부전여전의 유전자로 잘 살겠노라는 의지를 가득 담았다.

상담심리대학원에 입학 면접을 가며 면접관으로 처음 만난 김정택 신부님께 내 책 한 권을 놓아드리고 왔다. '제가 뽑히어 스승과 제자로 만날 때 돌려받겠습니다.' 하는 무언의 약조 같은 메시지를 남긴 것이다.

수 년 전 회사 패밀리넷 사이트에서 '세상에 하나뿐인 나만의 책 만들기 이벤트'를 우연히 보았다. 벌써 시작한 지 며칠 되었다. 그러나 도전하기에 늦지는 않았다. 기본 요건이 100일 동안 90편의 글을 써야 한단다. 본 날로 바로 첫 글을 시작하여 만든 책이 총 일곱 권이 된다. 100일당 한 권이 만들어지고 한 이벤트가 끝나고 잠시 쉬었던 시간을 포함해 2~3년간 한 번도 거름 없이 책을 만들었다. 매일같이 글을 썼다. 써놓은 초안들을 책 발간에 즈음해서는 몇 번이고 읽고 수정하는 퇴고의 과정까지 시간 가는 줄 모르고 힘든 줄 모르고 행복했었다. 그게 가능하고 해낼 수 있었던 지속적인 동인은 첫 책이 나왔을 때의 벅찬 감동이다. 온통 아이들 소재에 생생한 사진까지 곁들여 만든 세상에 유일무이한 책이 무척 신기하고 소중했다. 처음이라는 마법과 정성의 진수가 담긴 그 첫 책을 드리고 온 것이다. "엄마, 여긴 왜 우리 사진이 없어? 이것도 책이야?" 아이들은 이후 글씨 빽빽한 대학원 전공 서적에 자신들의 사진이 없는 것을 보고 책이 아니라고 힘주어 말하기도 했다.

서울 독립문에서 수원 영통구청이 있는 삼성전자까지 셔틀버스를 타고 다니던 3년과 집필 시기는 거의 일치한다. 도 경계선을 넘나들며 매일 왕복 3~4시간이 걸리는 거리를 시계추처럼 살았다. 잔업 없이 퇴근만 해도 8~9시. 몸이 파김치가 된다. 그래도 다음 날 다 자고 있는 새벽 5시면 혼자 일어나 출근 준비를 한다. 한 아이라도 깰세라 까치발을 하고 도둑처럼 몰래 집을 빠져나온다. 하나가 깨면 도미노처럼 다 깨게 되고 그러면 시간 지체는 물론 출근길 마음과 발걸음이 무거울 것이 불 보듯 하니까. 그 아침에 집을 나서며 오늘의 글감 하나가 머리에 떠오르면-아니, 떠올려서!- 셔틀버스 안에서 메모로 내용을 구상했다가 출근 후 업무 시작 전에 컴퓨터에 바로 입력하곤 했다. 40여 개 좌석을 거의 다 채운 동료의 대부분이 꿀잠을 자는 출근버스는 나에게 사색과 공부의 공간이었나 보다. 책이 될 글의 초안이 마련되는가 하면 대학원 진학을 위해 참고 서적을 펴놓고 공부를 했으니 말이다.

　교수님은 가족 관계와 현재의 내 상황, 입학 동기와 향후 공부를 어떻게 할 것인지를 물으셨던 듯하다. 당시 1남 1녀의 엄마이며 직장인이었다. 400명 회원을 거느린 커뮤니티 '워킹맘'의 마스터로서 온오프라인 상담을 해오며 남에게 도움이 되는 자신이 반갑고 감사했다. 보다 더 깊이 전문적으로 이론과 실제를 배우고 싶다.

　향후 직장 동료를 위시한 엄마들을 대상으로 일하는 엄마와 양육 스트레스 변인을 가지고 논문을 쓸 수 있을 것 같다 등등. 나의 성정을 파악하시려는 마음인지 아이들 얘기를 구체적으로 물으셨다. 애들이 어린데 학업까지 병행할 수 있겠는가? 아이들과의 관계는 어떠한가? 엄마가 행복해야 아이들도 함께 행복함을 믿는다고 했다. 아이들은 무엇을 할 때 하나에 온전히 집중하더라. 결코 양손에 떡을 들고 있지 않다. 이것과 저것을 저울질해 보고는 빠른 판단을 한다. 뒤돌아 후회하지도 않는다. 선택과 집중이 중요하다는 것을 보고 배운다. 동화책을 함께 읽으며 묻고 답하노라면 엄마는 미처 알아차리지 못한 부분을 일깨워주어 놀랄 때가 많다. 같은 시공간에서 가르치고 배우며 서로의 성장(교학상장)이 이루어진다.

면접 시의 정형화된 질문과 예측 범주에서 크게 벗어나지 않는 평이한 답변으로는 나를 알리기 부족하다고 느꼈던 걸까? 언어로 하는 문답만으로는 복잡다단한 나를 제대로 소개하기 어렵다고 판단한 걸까? 입학이 꼭 하고 싶었다. 단조롭고 힘든 삶에 새로운 활력소가 되리라는 막연한 희망을 붙잡았다. 혼자서는 해독이 어려운 삶의 퍼즐 조각들을 잘 맞추어 스스로를 제대로 알고 이해하고 싶은 갈급함이 내 안에 있었다. 엄마로서 아내로서, 딸이면서 동시에 한 자연인인 나를 성찰하며 살아온 모습을 저자와 동일시되는 글의 형태로 보여주고 싶었나 보다. 마침내 그 간절함이 통해서 합격 통지서를 받고 30대 중반에 샐러던트(saladent:salaried man+student)로서 만학의 길을 걷게 되었다. 입학 후, 상담 공부는 남을 돕는다는 미명 이전에 나를 우선적으로 살리는 일이었다는 것을 아는 데 그리 긴 시간이 걸리지 않았다.

간절함이 있으면 움직여 행동하게 된다. 그리고 그 행동은 행복으로 가는 길을 촉진시켜준다.

"자네가 무언가를 간절히 원할 때 온 우주는 자네의 소망이 실현되도록 도와준다네."

─『연금술사』 중에서

2

정성 : 있거나 없거나

/

희망을 품지 않은 자는 절망도 할 수 없다.
- 조지 버나드 쇼

영화배우 현빈이 주연한 영화 〈역린〉에서 인용되어 유명해진 중용의 문구가 있다.

"작은 일도 무시하지 않고 최선을 다해야 한다.

작은 일에도 최선을 다하면 정성스럽게 된다.

정성스럽게 되면 겉에 배어나오고, 겉으로 배어나오면 겉으로 드러나고 겉으로 드러나면 이내 밝아지고 밝아지면 남을 감동시키고 남을 감동시키면 이내 변하게 되고 변하게 되면 생육한다.

그러니 오직 세상에서 지극히 정성을 다하는 사람만이 나와 세상을 변하게 할 수 있는 것이다."

– 『중용』23장

일에는 규모나 성격으로 나누어 큰 일, 작은 일이 있겠지만 대할 때의 마음가짐에 차이가 있어서는 안 될 터이다. 비서를 할 때 그리 했던 것 같다. 현업과 연계하여 최고경영자의 중요한 스케줄을 짜는 일과 쓰레기통을 비우고 관리하는 일에 큰 차이를 두지 않았던 것 같다. 스케줄이 펑크 나는 건 상상도 할 수 없을 정도의 큰 금물 사항이다. 매 스케줄의 30분에서 1시간 이전에 변경 사항의 유무 등 최종 확인을 해야 함은 기본이다. 원형의 황금색 쓰레기통을 사와서는 바로 바닥면의 지름을 재었다. A4 용지를 한 장 놓고 컴퍼스를 써서 동그라미를 만들어 오려 양면테이프로 쓰레기통 바닥에 꼭 맞게 붙였다. 내용물에 물기가 있어 그 종이가 젖거나 더러워졌을 때는 곧바로 새로 만들어 붙여두었다.

업무의 일환으로 용인 민속박물관에 공예품을 사러 간 적이 있다. 외국 바이어에게 드릴 선물을 사기 위해서다. 가격대에 맞는 것을 잘 추천

받아 골랐다. 결제를 미리 하고 포장되기를 기다린다. 주인이 물건을 한지로 곱게 포장하는 모습을 내내 지켜보았다. 1~2분이면 될 줄 알았더니 아니었다. 금방 끝날 줄 알고 무심히 지켜보던 처음의 눈빛이 변하고 자세를 고쳐 서서는 그의 손놀림을 넋을 잃고 보게 되었다. 이 세상 어느 누가 그 물건에 그렇게 정성을 쏟을 수 있으랴 싶을 만치 공을 들이는 모습이었다. 힘이 없는 한지가 재질상 모서리 표현하기가 좋지 않은데 손톱 끝을 이용해 각을 잡는다. 끝으로 장식의 꽃인 리본을 만든 다음 그것을 보다 예쁘고 풍성해 보이게 하기 위해 리본의 나비 부분을 볼펜을 끼워 볼륨감을 살리는 디테일까지. 온전한 집중과 몰입. 장인 정신, 혼이 느껴지기까지 한다. 상자 하나 포장하는 데 족히 10분은 소요되었으리라. 그날의 느낌이 얼마나 강렬했던지 오랜 시간의 간극을 넘어 정성을 회상하며 되짚어낼 기억이 되었다. 겉으로 배어 나오고 드러난 정성으로 남인 내가 깊이 감동되었다.

태도는 바깥으로 드러나는 마음자리이며 자세이다. 밝음은 세상을 이끄는 원동력이다. 태양의 밝음을 보라. 태양이 없으면 우주는 암흑이자 죽음의 공간이 될 것이다. 우리의 본성은 밝고 강하다. 어두우면서 강하면 악의 무리가 될 것이요 어두우면서 약하면 비겁하게 되기 쉽다. 타인의 감동도 중요하지만 보다 중요한 것은 자기 자신을 감동시키는 일이 아닐는지.

새해를 열흘 정도 남겨놓았던 연말이었다. 수련 중 마음에서의 메시지가 남은 열흘 간 매일 일천 배를 하라는 것이었다. 솔직히 무겁게 느껴지기도 했다. 때가 때였던 만큼 동 기간 동안에만도 두 개 정도의 송년회가 있었던 것 같다. 원래 숙제는 일찍 해놓고 놀자는 주의건만 그날은 새벽 시간을 활용하지 못하였다. 저녁 회식이 1차만으론 아쉬워 2차 노래방까지 가게 되었다. 자리를 파하고 서둘러 집에 도착했으나 11시가 넘은 시각. 날짜를 넘기기 전에 절 수련에 착수했다. 100배에 보통 15분, 1000배를 하는 데는 처지지 않고 일정 속도로 했을 때 최소 2시간 반이 걸린다. 그날 안에는 다 하지 못했지만 이른 새벽까지 끝끝내 완수하는 모습을 보며 자신에게 작은 감동이 일었다.

꾸준한 정성도 중요하지만 순간 집중력이 장점인 나의 소소한 정성이라 할 만한 세 사례를 추억해본다. 20여 년 전 얘기다. 큰아이 돌잔치를 하였다. 답례품으로 백설기 떡을 준비하면서 새내기 엄마는 감사 카드도 곁들이고 싶었다. 문구점에서 무난한 디자인의 카드를 샀다. 내지에 붙이고 싶은 사진으로 며칠 전부터 봐둔 것이 있었다. 기저귀 차서 빵빵한 엉덩이에 '고맙습니다'가 쓰여진, 무릎 꿇고 절하는 아기의 뒷모습 사진이다. 종이 한 장당 6~8개씩이 들어가도록 편집하고 흑백으로 출력하였다. 가위로, 칼로 오려서 카드마다 풀로 붙였다. 마지막 화룡점정은 귀가하는 손님들을 일일이 배웅하면서 카드의 빈칸을 적는 일이었다. 친척을 제외한 많은 손님들이 비슷한 연배여서 집집마다 아이들이 한둘 있었다. 앞부분에 아이 이름을 적어 '○ ○ ○ 가족에게…… (중간 생략) …… 고맙습니다.'라고 감사 카드를 완성하여 건네주었다.

졸업한 지 25년 만에 모교에서 전통에 입각하여 홈 커밍데이의 장을 마련해주었다. 뜻 있는 이들 중 대부분이 합창을 할 때 더 소수정예인 댄스를 선택해 수개월 연습하고 나도 몰라볼 화려한 화장과 반라의 댄스복을 입고 무대에 올랐다. 이후 소수 열혈 동기들을 주축으로 동호회가 꾸려졌다. 주로 산을 타고 계절별 스포츠를 다채롭게 한다니 하지 않을 이유가 있으리오. 매월 셋째 토요일은 아예 시간을 빼놓고 일정을 잡았다. 그해는 마침 내 생일과 정모날이 일치했다. 산행 후 뒤풀이는 기정사실이고 생일파티가 있을 것은 명약관화였다. '받지만 말고 주자!' 하는 데 생각이 미쳤다. 생일 며칠 전 삼모녀의 기획 회의가 있었다. 남대문 시장에 가서 사탕, 과자 등 주전부리와 개인에게 줄 손바닥만 한 비닐봉지도 샀다. 집에 와 거실 바닥에다 풀어놓고 인당 할당량만큼을 비닐에 담았다. 노동력이 많으니 일의 진척도도 빨랐다. 효율을 위해 처음엔 분업으로 시작했다. 큰딸은 내용물들을 한 사람의 분량으로 분류하는 일, 작은 딸은 그것을 비닐에 담는 일, 총감독인 나는 진두지휘 겸 비닐봉지의 접착 부분을 떼어 공기를 최대한 뺀 채 붙이는 일. 그런데 선물의 총 개수와 공정이 몇 개 되지도 않아 뒤로 갈수록 내 일 네 일 없이 뒤죽박죽으로, 아니 사이좋게 협업으로 마무리하였다.

그해 연말 역시 같은 모임의 송년회 날이었다. 찬조 물품 리스트를 미리 받고 있었는데, 나는 동네의 명물인 독립문 꽈배기와 찹쌀 도넛을 하겠다고 선언하였다. 당일 출근 전 구매한 꽈배기 박스를 집에 가져다놓았다. 이후 일은 엄마의 근무시간 동안 예의 두 일꾼의 몫이다. "비닐 하나에 꽈배기 두 개와 도넛 세 개씩 넣어주세요. 부탁해요. 고마워요♡." 말로도 카카오톡으로도 일렀건만 A4 종이에 또 써놓고 나왔다. 이제 깨어나면 공장이 돌아가겠지. 가내수공업이라 쓰고 노동력 착취라 읽는다. 안 해도 누가 뭐라는 사람 없는데, 별스런 엄마를 군말 없이 돕는 세상없는 기특한 딸들이다. 색다른 체험을 통해 "엄마, 이거 꽤 재밌어." 하는 느낌 하나 마음에 남긴다.

주는 건 기쁨이 정말 맞는 것 같다. 첫 생일 답례품으로, 그냥 나누고자 하는 마음으로 조그만 정성을 내었는데 내 가슴은 행위의 몇 곱절로 벅찬 보답을 받았다. 개별 포장된 과자를 받은 고마움을 온 얼굴로 표현한 여자 동기들의 사진을 보며 삼모녀의 가슴 또한 흐뭇함으로 물결쳤다.

하루에 갑자기 마음이 동해서 삼천 배를 한다, 일만 배를 하겠다고 설쳐대는 것보다 매일 하루 일 배의 마음을 내는 것이 더 정성이란다. 정성은 뜬금없이 갑자기가 아니라 꾸준함일 테니까. 지성이면 감천이고, 누구보다 내가 안다. 나와 세상을 변하게 하는 사람은 오직 정성을 다하는 사람이란다. 실로 가슴을 치는 문장이다.

정성 보존의 법칙이란 게 있다. 인간이 정성을 다했다고 생각했는데 그 당시에는 성과가 보이지 않을지 모르지만 그 기운은 보존되어 정성을 들인 사람에게 남아 있다는 뜻이다. "(하늘에 쌓은) 정성 어디 안 간다."는 정성 보존의 법칙을 믿는다.

"실시(失始)란 시작하던 때의 생각을 잊는다는 뜻이니라.

처음에는 바라는 바가 있어 정성을 들이기 시작했어도 정성이 지극하여 점점 깊어지면 처음에 바라던 바는 점점 작아지고 정성만이 더욱 커지게 된다. 그러다 더욱 깊은 경지에 들어가면 바라는 바는 사라지고 오직 정성을 다하고자 하는 일만 남게 되느니라."

-『참전계경』제1강령 제4체 제4용 실시(제33사)

3

정직 : 양심은 알고 있는 일

/

행복은 잃기가 쉽다.
그것은 항상 분에 넘치는 것이기 때문이다.
─ 알베르 카뮈

'아이쿠, 이를 어째!'

핸드폰으로 몇 분째 넋 놓고 글을 쓰고 있었나 보다. 갑자기 귀가 깜짝 놀랐다. 지하철 안내 방송은 다음 역이 신도림이라고 말하고 있었다. 목적지인 대방을 지나친 것이다, 그것도 세 정거장이나. 서혜주, 정신 있니, 없니? 시간을 보니 8시 15분. 다시 돌아가야 하는 건 운명이지만 지각 여부는 간당간당한 상황이었다. 세 정거장(구간 당 2분 계산) 왕복에는 최소 12분이 소요된다. 내려서 걷는 시간을 포함하면 8시 30분 전 도착을 자신하기 어렵다.

에이, 참. 남에게 아쉬운 소리 하는 거 참 싫어라 하지만 어쩔 수 없다. 무단 지각은 안 될 일이니.

"과장님, 지하철을 지나치는 바람에 조금 늦겠습니다. 죄송합니다."라고 써 보내고는 신도림역에서 잽싸게 내렸다. 그런데 무슨 마음에 반대 방향으로 건너 가 타지 않고 아예 역사를 나와버렸는지는 지금 생각해도 미스테리다. 때마침 눈앞에 보이는 빈 택시를 바로 잡아 탔다.

"기사님, 대방역으로 빠르게 좀 가주세요. 최대한 8시 반 전에요……." 출근길임에도 택시는 큰 막힘없이 신나게 잘 달려주었다. 카드도 미리 손에 쥐고 있다가 회사 정문에서 내리며 바로 지불했다. 내내 시간을 확인했고, 엘리베이터를 타고 한숨 돌리며 보았을 때가 29분이었다. 5층에서 내려서 조금 걸어 들어가야 내 자리다. 그때 '과장님, 자리에 앉았습니다'를 카톡으로 보내고 싶은 악마의 유혹이 순간 마음에 일었다. 왜 그랬을까? 이미 늦는단 말을 해놓은 상태라 그건 별 의미가 없는 행위였을 텐데 말이다. 그럼에도 최선을 다해서 시간 안에 도착했노라는, 일말의 잘 보이고픈 마음이었을까? 그런데 바로 뒤이은 마음의 소리가 '사실이 아니잖아.' 한다. 찰나지간에 두 마음이 올라왔다. 결론은, 보내지 않고 그냥 들어갔다. 자리에 앉으며 눈으로 훑어보니 과장이 팀장 자리 곁에 서서 무언가 대화를 나누고 있었다. 오늘 두 번째 아뿔싸 한다. 자리에 앉지 않았으면서 자리에 앉았다고 했더라면 얼마나 부끄러울 뻔했나? 사실이 아닌 것을 톡으로 보냈으면 보낸 시간 확인으로 두고두고 거짓말쟁이가 되는 일이었다. 영구히 정직하지 못한 사람이 되는 일이었다.

순간의 행동에서 그 사람의 인성이 드러난다 했던가? 아무리 급해도 무단 횡단하지 않고 횡단보도를 찾는 그 마음. 몸에 밴 무의식의 태도.
몇 분 사이에 촌각을 다투듯 일어난 일로 두고두고 생각해볼 마음자리와 행동의 상관관계에 대한 화두를 얻었다. 정심, 정사, 정행을 다시 한번 마음에 새긴다.

정직은 솔직과는 다르다. 정직은 있는 그대로 말하지만 책임이 따르는 반면 솔직은 상대방이 상처 받든 안 받든 상관없는, 즉 책임이 따르지 않는다는 점에서 차이가 있다. 지나친 솔직함이 때로 타인에게 불편함을 줄 수 있는 이유다.
국기에 대한 경례할 때 왼쪽에 있는 심장 위로 오른손을 갖다 댄다. 거기 내 양심이 자리하고 있다. 어떤 말을 하거나 일을 할 때 긴가민가 헷갈릴 때는 거기 양심에 손을 얹고 잠시 머물러볼 일이다.

마침 지인이 울림 있는 사진 한 장을 핸드폰으로 보내왔다.

"정직은 아주 비싼 재능이다."
– 워런 버핏

순간의 이익이나 면피를 위해 거짓말을 선택할 수도 있겠으나 유지가 어렵고 금방 탄로가 나버린다. 거짓말은 최초의 거짓말을 참말로 믿게 하기 위해 지속적으로 양산해야 해 보통의 두뇌로는 영원한 성공을 이루기도 힘들다. 단순하게 사는 것이 행복이라는 행복의 본질에도 정직은 맞아 떨어진다.

"정직이란 사사로움과 굽음이 없음을 말하느니라.
무릇 의로움이란 뜻을 바르게 갖고 일을 곧게 처리하여 매사에 사사로움과 굽음이 없기 때문에 차라리 일은 이루지 못할지언정 남에게 믿음은 잃지 않느니라."
–『참전계경』제2강령 제1단 제1부 정직(제57사)

4

책임감 : 사람을 사람답게 하는 큰 의식

/

의도적으로 당신이 될 수 있는 것보다
작은 존재가 될 계획을 세웠다면
분명 당신의 여생이 매우 불행해질 것이라고 경고한다.
그리한다면 당신은 자신의 역량과 가능성을 회피하게 될 것이다.
— 에이브러햄 매슬로

책임감에는 나에 대한 책임감과 나 아닌 대상에 대한 책임감이 있겠다. 말로 짓는 업이 많다. 감정에 겨워 아이들 앞에서 말이 앞서는 편이었다. 당장 어디 좋은 데 데려가고 싶어서 "갈까? 가자." 해놓고 그때가 되어 상황이 여의치 못해 못 가게 되는 경우. 아이들과의 약속을 잘 지키지 않았고, 성인들과의 관계에서 무엇을 하기로 해놓고 돌연 변심하여 무르기가 일쑤였다. 과거의 습. 부끄러운 과거다. 그러나 이제는 뱉은 말에 책임지려는 마음이, 행동이 스스로에게도 보이고 느껴진다. 요사이는 그러한 번복을 덜 하는 이유가 선택하는 힘과 책임감이 길러졌기 때문일 거라 자평해본다. 십수 년 사이의 큰 변화이다. 지킬 수 없는 약속 같으면 아예 하지를 않는 것이다. 그리고 했으면 무슨 수를 써서라도 꼭 지키려 한다. 남에 대한 책임 이전에 나 자신을 믿는 시험대이다.

역할에 대한 책임감 또한 무겁다. 태어나는 순간부터 누군가의 딸, 아들이 되었다. 어딘가에 소속이 되면서 그 구성원으로서의 책임이 요구된다. 무인도에 홀로 살지 않는 한 이름 앞뒤로 붙는 관계로 얽힌 타이틀이 왜 이리도 많은지. 높은 자리에 오를수록 지킬 수 있는 더 큰 책임감이 있어야 그 자리를 끝끝내 지켜낸다. 명예롭게.

생명에 대한 책임도 더해졌다. 세 아이를 건사하는 것 외 견공도 받아들였다. 비상식, 비합리, 비현실적인 결정이었는지도 몰랐다. 2018년 9월생 시루가 우리 집에 온 게 햇수로 어언 5년이 되었다. 개의 나이는 햇수×7년이라니 벌써 35세 중년이 되어 자식 간 서열이 바뀌었을지도 모를 일이다. 시루의 가족화라는 현실화를 위해 3남매가 얼마나 많은 시간 공을 들였는지 이루 말로 다 못 한다. 감행이 임박해서는 여느 집처럼 "밥도 알아서 주고 대소변도 우리가 다 치울게." 하는 선의의 거짓말을 하지 않았는데, 했더라도 다는 믿지 않았을 것이다. 그 사안만큼은 즉각적인 행동파였던 아들이 말한 지 하루 만에 데리고 와버렸고, 이미 기운의 흐름으로 거부할 수 없는 운명을 예감한 나는 미리 한마디했다.

"생명이라 오면 예쁠 거다."

이상하지, 같이 살면 동물도 인간도 서로 닮아지나 보다. 강아지 유치원 원장은 "강아지가 주인들 닮아 순한데 그러면 안 되세요. 오냐오냐 끌려가면 안 돼요. 특히나 시바견은 엄청 무섭게 대하셔야 해요."라는 말을 수시로 했다. 그러나 우리 중에 악역을 담당할 사람은 아무도 없었다. 시루와 산책을 나가면 지나던 사람들이 예쁘다고 한마디씩 한다. 어떤 분의 말이 인상 깊어 뇌리에 남아 있다. "끝내 버리지 마세요. 책임을 지세요." 그 사람이 뭐라고 우리한테 이러쿵저러쿵할 텐가. 그런데 그 말이 진한 울림으로 남아 있다. 미리 약속을 했다. 너희들이 건사하니 데리고 있는 거지 나중에 제각각 혼인한 다음에는 셋이 돌려가면서 돌보라고 말이다.

개란 동물이 인류의 가장 오래되고 가장 사랑받는 동물이란 데는 이견이 크게 없을 듯하다. 조물주는 어찌 그런 생명체를 빚으셨는지……. 한 세대 전 쯤, 집에 마당이란 것이 있고 흔하디흔한 '도꾸' 혹은 '메리'란 이름으로 너나없이 불리던 당시의 개들은 그들의 숙명대로 예닐곱 마리의 새끼를 한 배로 낳고 젖을 먹이고 키워냈다. 그러나 현대에는 많은 개들이 애완견으로 불리며 주인들과 함께 안방 차지를 하면서 자기 종족을 생산하는 일이 덜 흔해졌다. 아니, 방에서 함께 생활하는 개의 새끼를 낳는 일은 너무도 드문 일이 되어버렸다.

"시루야, 미안테이~ 정말 미안테이~ 네가 원하는 게 아닐지도 모르는데… 너도 너 닮은 새끼 한 번 품에 안아보고 싶을지도 모르는데… 미안테이, 미안테이. 엄마는 할 말이 읎다."

견공의 대를 끊는 중성화 수술을 하기로, 그 엄청난 결정을 한 것이다. 2020년 5월, 생후 18개월의 일이다. 그 문제는 시루가 우리에게 온 날부터의 고민이라 해도 과언이 아니었다. 하루라도 어릴 때, 곧 몸무게가 덜 나갈 때 뭘 모를 때 하는 처치가 주인을 자처하는 인간에게도 여러 모로 유익할 수 있었다. 그러나 우리는 보통 5~6개월 완전 애기 때 많이 해주는 수술의 때를 놓치고, 그 시기를 지나 말귀 좀 알아듣고 "앉아!", "엎드려!", "빵!"을 이해하는 한창 예쁠 때 문득 '요렇게 예쁜 시루의 2세를 본다면?'에 생각이 미친 적이 있었다. 아아, 한 생명의 현상학적인 존재감과 본질적인 영향력은 얼마나 큰지! 새끼를 낳아볼까에 생각이 미치니 온 두뇌가 그 방향으로 움직였다. 기특하게도 시루는 4월과 10월에 생리를 해 10월 생리 중 임신에 성공하면 2달의 임신 기간을 거친 후 12월, 삼남매가 비교적 여유로운 방학 기간에 출산을 맞출 수도 있을 터였다. 12월은 온 세상이 한 해를 마무리하는 시기로 그냥도 축복인데 생의 이른 선물로 내가 사람보다 이르게 견공의 할머니가 될 수도 있겠다는 철없지만 행복한 상상도 잠시, 정기적으로 진료받는 동물병원 원장이나 주 3회 사회생활을 위해 보내는 강아지 유치원 원장은 일언지하에 반대 의견을 내었다.

진지한 고민 속에 네 식구의 열띤 토론이 며칠 이어졌다. 새끼를 낳으면 한 마리만 남기고 나머지는 다 분양할 생각이다. 입양시켜 못 보는 새끼들의 안 좋은 소식을 듣기라도 하면 마음이 얼마나 아플 것인가? 말은 못 해도 시루도 제 새끼 떠나보내면 너무 슬프겠지. 선택받은 한 마리가 성별에 상관없이 제 엄마랑 성격 궁합이 잘 맞을지도 문제란다. 그리고 여기서 결정적으로 그 새끼도 반년에서 1년 사이면 제 엄마 크기만큼,

곧, 이웃 지인의 표현대로 산만 한 크기가 된다는 것을 아아, 나는 왜 간과하고 있었던가!!! 바보. 바보. 바보퉁이!!! 좁은 집에 10kg짜리 개가 한 마리도 아니고 두 마리가 어슬렁어슬렁 거린다? 그것도 15~6년을!

그래서 결론은 그녀 하나만을 끝까지 책임지겠노라 온 가족이 결심하는 것이다.

아, 맞다, 바로 얼마 전 상상임신까지 한 시루다. 이제는 시루의 신체적, 정신적 건강을 위해서도 단행할 때가 온 것이다. 수술 전날 밤 12시부터 금식하고 다음 날 오후 1시에 수술을 했다. 한 치의 오차도 없이 똑같은 생명이라 사람의 경우와 같다. 코로나 덕분에 학교를 쉬고 있던 중3 막둥이와 대학 신입생 오빠가 엄마 대신 보호자로 동행하였다. 수술실에 들어가기까지 곁에 있고 수술 직후 비몽사몽간일 때 좀 보다가 아픈 가슴 안고 돌아오기로 했다. 더 오래 있어 마취 풀리고 개가 주인을 알아보는 순간 일이 힘들어질 수 있다고 한다. 경험 많은 전문가가 권하는 행동 수칙을 전적으로 따르기로 했다.

'시루야, 다시 한 번 엄마가 미안해.

하지만 이게 옳은 선택이라고 믿자.

내가 새끼를 셋을 낳아봤잖냐? 힘들어, 야!

너, 이런저런 부인병에서 자유롭자!

그리고 네 한 몸 가뿐하게, 근심 걱정할 피붙이 없이 쌈박하게 우리 집에서 네 명껏 같이 오래오래 행복하게 살자꾸나!

가지 많은 나무에 바람 잘 날 없어요.'

시루와 동병상련으로 모성애를 논할 기회는 상실했지만 현명한 판단이었다. 시루가 엄마가 되었더라도 마찬가지였을 테지만(어쩌면 동물의 날것으로의 모성 때문에 더할 수도 있겠다) 올드 미스로 늙어가는 지금도 애들의 감탄사는 하루도 끊일 날이 없다. 시루는 우리 집에서 '귀여움이 세상을 구한다'는 명제를 온몸으로 증명한다.

동물에 대한 인간의 책임감과 인간에 대한 인간의 책임감은 같을까? 불행하게도 정답은 '아니다'일 듯하다. 인간이 다중적인데다가 각 상황과 대상에 따른 차별성과 구체성이 있기 때문일 듯. 사람과의 관계는 책임질 사람만 책임지고, 동물과의 관계는 나에게 깃든 인연에는 책임지고. 한 존재를 책임짐으로써 세계관이 넓어짐은 감사한 덤이다.

'걱정을 해서 걱정이 없어지면 걱정이 없겠네.' 티베트의 속담이란다. 자기 자신에 대해 각자가 책임지는 삶을 산다면 인류 걱정의 상당 부분은 기우로서 사라지고 행복 지수가 한층 높아질 것 같다.

5

소유 : 놓음으로써 비로소 갖는

/

행복은 가진 것이 얼마나 많은지에 있기보다는,
인생을 얼마나 즐기는지에 달려 있어요.
– 찰스 스펄전

오래 전 본 영화의 한 장면이다. 할머니와 손녀의 이야기로 기억한다.

10대 손녀와 오래 떨어져 살았던 할머니가 갑자기 가정 상황에 변화가
생겨 한집에서 살게 되었다. 손녀와 할머니는 처음부터 마찰이 있었다.
겉보기에 괴팍하게 보이는 할머니는 손녀의 옷차림, 말투, 함께 다니는
친구 등등이 다 못마땅했고 손녀는 사사건건 간섭하는 할머니가 불편하
고 싫었다. 어느 날 손녀가 방문을 닫아걸고 대성통곡을 한다. 할머니가
간신히 달래고 설득하여 문을 열고 이유를 물어본즉슨 자기와 교제하던

남자 친구가 자기의 여자 친구와 데이트하는 장면을 보고는 울고불고 난리가 난 것이었다. 할머니가 조용히 손녀의 머리를 쓰다듬어 주며 한마디 한다.

"아가야, 이제 그만 울렴. 따지고 보면, 그 아이가 본디 네 것이 아니었잖니?"

저 대사는, 영화에서의 가볍게 지나갈 하찮은 한 문장 대사가 아니라 나에게 큰 영향을 미쳤다. 저 말은 할머니와 손녀라는 혈연적 관계를 떠나 인간 대 인간으로서, 존재와 존재로서 삶의 진리를 설파하는 하나의 경구이다. 관계에서 내 뜻대로 되지 않는다 해서 상대를 내 쪽으로 이끌려 너무 닦달하거나 그것이 뜻대로 되지 않았을 때 심하게 마음 아파하지 않는 지혜를 배웠다. 문득문득 뇌리에 떠올라 나를 일깨워주는 저 말로 나는 관계에 집착하는 마음을 많이 내려놓게 되었다. 그것은 나를 편안하게 하고 평화롭게 하고 성장시켰다. 인력으로 안 되는 것은 하늘의 소관인 경우가 많다.

소유에 대한 가장 큰 오해는 자식이 내 소유물인 양 여기는 태도일 것이다. 자식은 소유의 대상 자체가 될 수 없다는 암묵적인 대전제가 있으니 말이다. 그러나 그럼에도 그렇게 하는 부모의 태도는 소유에 대해 인간이 범할 수 있는 가장 무서운 착각이요 오만이리라. 일찍이 칼릴 지브란은 자식은 손님이며 선물이라고 했다. 그의 말에 뼈저리게 공감한다면 손님인 자녀에게 어찌 그렇게 비인간적으로 함부로 대할 수 있으며 그처럼 비인격적으로 거칠게 다루어도 되는 자녀라는 선물이 어디 있으랴. 그는 조부모님의 손에 키워졌는데, 어쩔 수 없이 애착의 양에 문제 소지가 있는 부모가 아닌 객관적이면서 대가 바라지 않고 사랑이 충만한 조부모님에게서 큰 덕분에 그가 사유 깊은 영성의 대가가 될 수 있지 않았을까 하는 데 많은 평론가들은 입을 모은다.

엄마는 내가 애들을 데면데면 키운다고 생각해 "너는 할머니가 손자 보듯이 애들을 보냐?"는 말씀을 자주 했다. 나의 자유방임 육아법을 간파하신 게다. 적어도 구속하려 하지 않고 애면글면하지 않는 것은 맞다. 조손간은 특별히 바라는 바가 없기 때문에 손자손녀들이 무엇을 해도 예쁘다고 한다. 그저 바라만 보아도 예쁘다. 존재 자체로 예쁘다. 그러나 자식에게는 부모의 욕심이 투사되어 존재 자체만으론 힘들고 어떠한 행위가 따라 주고 그것에 대한 이로운 해석이 될 때 더욱 사랑스러워진다.

김별아는 소설 『식구—우리가 사랑하는 이상한 사람들』에서 자녀를 행위(doing)로 말고 존재(being) 자체로 사랑하자고 가슴을 울리며 말했다.

길거리 거지 부자의 이야기다. 바로 눈앞에서 큰 건물이 불타고 있어 소방차가 오고 거리가 마비되는 등 분주한 모습을 본 아버지가 아들에게, "아들아, 너는 아비 잘 만나 저렇게 불타 없어질 집이 없어서 좋지?"라고 했다나? 세상 편한 소리다. 그래서 이런저런 집착에서 놓여나고자 법정 스님은 무소유를 주장하셨나 보다. 그러나 무소유의 본 의미는 가지고 있는 것에 대해 집착하지 않는다는 것임에.

본디 내 것이란 것이 있었을까? 그렇지 않은 것 같다. 나면서부터 빈손으로 와서 갈 때도 빈손으로 가는(공수래공수거 空手來空手去) 것이 우리네 인생이 아니던가. 소유해서 잃어버릴까 봐 전전긍긍하는 마음보다 관리의 개념을 도입해 생각하면 보다 편안하게 행복할 수 있을 것 같다. 일정 기간 잘 관리하고 타인/세대에게 물려준다는 마음가짐. 지구도 그러한 것처럼.

소유, 놓음으로써 비로소 갖는다.

"사랑은 행동, 소유, 사용이 아니라 존재에 만족하는 능력이다."

— 에리히 프롬

6

통찰 : 겹겹이 쌓인 시간이 말했다

/

우리가 되어야만 하는 것과 비교할 때,
우리는 겨우 반쯤 깨어 있다.
우리는 사용 가능한 정신 자원의
극히 일부만을 사용하고 있다.
− 윌리엄 제임스

삼성그룹 신입사원 면접장에는 역술가 혹은 관상가가 면접관으로 있다는 말을 입사 전후로 들었었다. 어느 누구에게도 사실 여부를 확인하지 못하였으나 입사 후 관련하여 들은 얘기는 이러하다. 관상가의 실제 입회 여부보다는 인사에서 오래 사람을 접하고 대하다 보면 사람 보는 눈이 생겨서 그런 말이 회자되었을 거란다.

사람 보는 눈이라……

대학 졸업 두 달 전 삼성의 전문비서 2기로 입사하여 첫 사회생활을 시작하였다. 그룹 및 각사 입문 교육 후 임원의 비서로 일하게 되었다. 비서의 업무 환경은 일반직과 사뭇 달랐다. 최고경영자의 일거수일투족을 아침, 저녁으로 볼 수 있는 것이다. '하늘의 별 따기'만큼 되기 힘든 그 자리에 올랐으니 이의 없이 그 별에 비유되는 분들로서, 자타공인 인생 성공자들이시다. 대학 노트 빽빽이 일기를 쓰시는 모습이나 근검절약하는 생활 태도 같은, 최측근만이 알 수 있는 장면들에서 인생의 한참 선배께 배운 것도 많다. 나는 처음엔 잘 몰랐으나 시간이 갈수록 정확, 신속한 업무처리가 생명인 비서직이 천직으로 느껴졌다. 빠릿빠릿한 성격에 더해 상황 판단력과 센스가 일취월장하는 느낌이었다. 같은 비서 동기로 들어왔다가 1년도 안 돼 일반직으로 전업한 동기들이 몇 있었다. 그들과 달리 잔업도 없고 밀린 업무를 집으로 가져갈 필요도 없었다. 오늘 일은 오늘 완벽히 소화해 처리하고 내일이면 또 리셋되어 새로운 날을 맞았다.

상하반기 한 번씩 해외 주재 임원 대상으로 대규모의 워크숍이 진행되었다. 국내에 비서가 없는 해외 임원이 국내에 들어와 크고 작은 일처리를 하기란 여간 불편한 게 아니었다. 긴급히 찾아야 될 사람이 있어도 연락처를 몰라 찾기가 어려운 실정이었다. 회의 도중 잠시 나오신 임원의 사람 수배의 부탁을 받고는 상사가 자리에 계셔 내 업무를 하면서도 몇 차례의 수소문 통화 끝에 원하는 사람을 전화로 연결해드렸다. 그 임원은 내가 순발력이 좋다며 크게 칭찬함과 동시에 감사를 표해주었다. 시간이 지나면서 사람과 업무를 잘 익히고 업무 흐름을 빨리 파악해 급한 CEO의 마음을 잘 읽게 되었다. 돌아가는 모양새 상 지금쯤이면 누구를 찾으시겠다는 느낌이 맞은 적도 종종 있었다.

원래는 삼성 SDI로 입사하였으나, 2년 보좌 후 해외로 발령받아 가셨다가 다시 삼성전자로 영전돼 오신 상사로부터 능력 인정을 뜻하는 러브콜을 받고 관계사 내 전배를 가게 된 것이다.

연말이면 그룹에 이어 각사 사장단 인사가 있었다. 어린 눈에도 승진하여 승승장구하실 것 같은 어른과 좌천되실 분이 어렴풋이 점쳐졌다. 귀가 있고 눈이 있어서였다. 사람 눈은 비슷하다는 것이 진리인가 보다.

부처님 눈에는 부처만 보이고 돼지 눈에는 돼지만 보인다는 말이 있다 (시견유시 불견유불 豕見唯豕 佛見唯佛). 아는 만큼 본다고 한다. 사람들과의 대화에서 간혹 만나는 장면도 그러하다. 인식은 꼭 그 사람이 아는 만큼이어서 평상시 사용하는 언어나 기본적인 사고의 틀이 여실히 드러나는 경우가 있다. 감추려도 감출 수가 없다.

통찰의 백미는 과거와 현재와 미래를 꿰뚫는 것일 것이다.

아마도 SF 장르의 영화일 텐데, 제목을 기억하지 못하는 영화의 한 장면이다. 고대의 왕족, 귀족들이 원탁에 둘러앉아 있다. 중요한 국사를 의논하는 것 같은 장면이다. 가운데 앉은 신녀 같은 역할의 여성이 주인공인데, 그녀의 뒤로 건장한 장군 하나가 스쳐 지나간다. 그런데 그 순간 그 신녀는 장군의 마음을 고스란히 읽어낸다. 곧, 왕을 해쳐 반역을 하려는 숨겨진 계략을 말이다.

내가 명경지수가 되면 가능할까? 반백을 넘었건만 사람을 많이 겪지 못했음인지 공부 부족으로 아둔함 때문인지 내게는 그런 통찰이 아직 없어 보인다. 나에게 없거나 부족한 거라 갈망하는 마음이 크다. 최고의 경지는 못 이르더라도 원하는 만큼은 이룰 수 있기를 바란다. 비우고 비워서 순수만 남을 수련을 통해서.

나무의 나이테처럼 겹겹이 쌓인 시간이 말한다. 내가 살아온 만큼, 육체의 눈으로 보고 마음의 눈으로 본 만큼 알아차릴 거라고, 깨달을 거라고……. 딱 그만큼, 네가 너인 만큼…….

풀꽃 1

자세히 보아야

예쁘다

오래 보아야

사랑스럽다

너도 그렇다.

　　　　　　-『봄이다, 살아보자』, 나태주, 한겨레출판

HAPPINESS CONSENSUS

4장

살아가기

흐름

원하든 원하지 않든 더불어 살아가는 세상이다.
너나없이 이름 말고도 무게감이 대단한 많은 역할들을 가지고 있다. 그러나 행복한 살아가기는 분명히 존재한다.

행복한 살아가기란 인정하고 조율하고 거래하고 끝없이 공부하다가 근원으로 돌아가는 것으로 그려 보았다. 길거나 짧은 소풍을 끝내고 왔던 곳으로 다시 돌아가는 것이 우리네 행복한 생일 것 같다.

내 역할들을 행복하게 수행하는 연습 혹은 실전
자유의 선행 조건인 인정하는 연습 혹은 실전
함께임이 행복한 조율하는 연습 혹은 실전
더도 말고 덜도 말고 딱 그만큼의 거래 연습 혹은 실전
삶이 깊어지는 참 공부
나의 뿌리 근원 알기
나만의 체험 살아가기로 행복에 합의해보자.

1

역할 : 타인들의 영혼이 붙어 있는

/

인간은 자신이 행복하다는 것을 알지 못하므로 불행한 것이다.
– 표도르 도스토옙스키

사람은 태어나는 순간 혈연과 관련해 최소 2개 이상의 타이틀을 갖게
된다. 일차적으로 성별에 따라 부모님의 딸이나 아들이 될 것이다. 이차
적으로는 생존 여부에 따라 (외)조부모에 대해 눈에 넣어도 안 아플 (외)
손자나 (외)손녀가 될 것이다. 요사이는 핵가족화되어 나이 차이가 많이
나지 않는 삼촌이나 이모의 경우가 많이 줄었지만(아니, 숫제 이모나 삼
촌이 있기도 드물다) 우리 부모님 세대만 해도 15~20세 많은 형제자매
지간이 많았다. 그러면 엄마와 아들/딸이 비슷한 시기에 임신해 조카와

앞서거니 뒤서거니 태어나 같이 크는 이모/삼촌들이 많았다. 가문이 번성해 족보가 다복한 집안의 경우 신생아가 삼촌이나 이모/고모의 촌수를 갖는 것은 기본이고 할아버지나 할머니가 되는 경우도 왕왕 있었다.

인간관계의 기본 문제는 관계에 따른 이름, 즉 역할에 의미가 부여되고 상대에 대한 염원이 담기면서부터다. 거기에서 행불행이 시작한다. 가정의 기본적인 인간관계인 부모/자식 간을 볼 때, '부모/자식이니까 이래야 한다, 저렇게 해줬으면 좋겠다(희망사항).' 하는 소박한 바람이나 '부모/자식이니까 이래야지, 저렇게 해줘야지(당위)' 같은 강제가 결부된다는 거다. 잘 해주면 기본이고, 덜/안 해주면 섭섭한 마음은 왜 생기는 걸까? 도대체 어디에서 기인한 걸까? 애초에 바라는 마음, 기대하는 마음이 있어서다. 달리 말하면 욕심이겠다.

그런데 실상 가족 관계 중에서 바람직한 역할이라고 틀처럼 정해진 게 있을까 싶다. 생색낼 필요 없다. 당연한 일도 없다, 부모 자식 간에도. 부모는 자식에게 기대를 하지 않고 자식은 사람의 도리를 다한다면 행복이 무엇인지 실감하며 살 수 있을 것이다. 언제부턴가 세상에 당연한 건 없다는 생각으로 살았나 보다. 나에게 서로에게 좋은 마음이 동해서 잘 하면 좋은 것이고 그렇지 못하면 안타깝지만 어쩔 수 없는 일이다. 사람인지라 인지상정이라고 하겠지만 모범적인 관계 사례만 있는 것이 아니다. 각자가 처한 환경이란 요인이 부차적으로 있을 거고 첫째로는 인성이 크게 한몫한다.

즉문즉답으로 유명한 법륜스님의 상담 사례를 동영상으로 본 적이 있다. 어떤 딸이 엄마와의 관계가 많이 불편한데 어머니가 병환으로 입원을 하시게 되었다. 엄마와의 애증관계 때문에 병구완을 선뜻 해드려야겠다 마음먹지도, 안 하겠다 고집하지도 못하는 갈등 상황이었다. 법륜스님께 여쭈었다. 스님의 답변은 이런 요지였다.

"지금 당장 엄마한테 잘하든 말든 상관없습니다. 그런데 나중에 어머니가 돌아가시고 난 다음에 내 마음이 어떨지에 대해 지금 결정을 하고 행동하는 것입니다. 모든 일은 내 마음 편하자고 하는 것입니다."

부모와 자식의 관계는 더도 없고 덜도 없고 딱 네 종류다. 부자 부녀 모자 모녀. 사람이 너무도 복잡 미묘한 존재라 공식처럼 딱 떨어지는 관계도 없고 저 네 가지 경우의 수에 별의별 성질의 관계가 다 있다. 그런데 유독 말이 많은 관계는 모녀지간이 아닌가 한다. 아빠 자체가 말이 별로 없기 때문에 부자나 부녀 관계에 대해서는 회자되는 말도 적은 걸까? 생명을 직접 잉태하고 낳는다는 차원에서 엄마와 자녀와는 보다 가깝고 그에 따라 할 말들이 많은가 보다. 오이디푸스 콤플렉스와 엘렉트라 콤플렉스도 부모 자식 관계에서 나온 역할에 관한 오랜 문제다.

특정 역할에 대해 상을 갖지 말 일이다. 그것이 행복에 이르는 방법이다. 덜 괴로운 방법이다. '그러므로 감사'에서 '그럼에도 불구하고 감사'한 마음을 가져야, 그러한 마음을 먹어야 행복이 쉽다. 타인의 권리는 존중해 주되 나는 상대에게 권리 주장보다 의무 이행을 먼저 할 일이다. 오직 나를 위해서 그럴 일이다. 세상 모든 일이 따지고 보면 내 마음 좋자고 하는 일이더라. 지나고 보니 다 나 좋자고, 나 편하자고 한 일이더라.

모든 역할을 다 잘 하려고 하면 금방 기진맥진해지고 에너지가 고갈되어 소진(번아웃)될 수가 있다. 역할의 경중을 따지고 에너지 안배를 잘하며 지혜롭게 슬기롭게 처신할 일이다. 타인들의 영혼이 붙어 있는 역할에 앞서 그 사람 존재 자체를 먼저 생각하고 역지사지한다면 섭섭한 마음도 줄어들 것이다.

2

인정 : 하고 나면 자유로워지는 것

/

다른 사람의 삶에 햇빛을 가져다주는 사람은
자신의 눈부심을 숨길 수 없다.
– 제임스 매슈 배리

"예, 제가 그랬네요. 남편이 미우니까 배 속의 아기도 미워하는 마음이
생겼네요. 그래서, 그것이, 지금 생각하니 그 무서운 마음이 아기에게 고
스란히 전달되었을 것 같네요……. 선생님, 우리 ○○에게 미안해서 어
쩌지요?"

그녀는 난생 처음 보는 사람인 내 앞에서 그렇게 울음을 터뜨렸다. 모
든 것을 내려놓고 비운 사람처럼. 완전히 무장 해제된 모습. 나는 아무

말 없이 함께 있기만 했다. 자신의 내면에 오롯이 집중하느라 나의 존재는 관심 밖이었고 의식할 필요도, 이유도 없어 보였다. 십수 년 만에 어쩌면 자신의 생애 최고의 잘못을 알아차린 이. 타인의 삶에 직접적으로 관계하기 때문에 그만큼 더 중요했던 일. 깨닫고, 인정하고, 반성하는 그 쉽지 않고 놀라운 과정이 짧은 시간 동시에 점진적으로 이루어졌다. 그저 가만히 손잡아주고 싶어 그리하였다. 울음이 잦아들며 다시 고개를 들었을 때 그녀의 얼굴은 한층 맑고 가볍게 느껴졌다. 설명하기 어려우나, 굴레나 속박, 죄스럽던 마음의 짐 같은 것이 가신, 그물에 걸리지 않는 바람같이 순수한 영혼의 얼굴이 그러할까?

많은 복 있는 사람들이 이 세상에 와 부모란 이름을 갖는다. 부모는 살아 있는 하나님이다. 그런데, 좋은 부모 되기가 참으로 어렵고 무거운 일이더라. 누구나 처음 하는 부모란 역할로 너나없이 시행착오를 겪는다. 나름의 최선을 한다고 하지만 평가는 내 몫이 아니라 받는 자녀의 권리인 것 같다. 인디언 속담에 받는 사람이 선물로 느끼지 않으면 선물이 아니라 했듯 자녀가 사랑으로 느끼지 못한다면 어딘가 부모의 일방적인 일 그러진 사랑일 수 있겠다.

학교 상담 관련자들의 모임에서 인정하기가 참 어렵다는 얘기가 나왔다. 모든 행위가 그렇듯 인정에도 큰 용기가 따른다. 과거의 잘못, 현재의 있는 그대로의 나를 인정하면 가볍고 자유로울 수 있는데 그것이 말처럼 쉽지가 않다. 과거의 공든 탑을 내 손으로 무너뜨리는 것처럼 여겨지고 현재의 나를 전면으로 부정하는 것 같아서일 것이다.

그러나 그렇더라도 괜찮다. 공든 탑이 설혹 무너지더라도 흔적은 남을 것이요, 현재의 나를 부정해도 존재가 사라지는 않을 것이기에 모든 것을 인정한 0점의 상태에서 새 출발을 하면 될 터이다. 잘못된 줄 알면서 계속 가기보다 잘못을 안 그 순간에 바로 잡는 것이 더 큰 오류의 각을 줄일 수 있는 지름길일 테니까.

학교폭력 사건이 하나 있었다. '핸드폰이 없는 중2 여학생'이 동아리의 1년 후배에게 3만 원을 주고 하루만 쓰기로 하고 빌린 아이폰을 1주일가량 돌려주지 않아 피해 학생 당사자와 부모가 정신적 피해 등을 호소하는 사건이다. 한 문장으로 된 사건 개요에서 짐작하듯 문제의 발단은 중2 여학생이 핸드폰이 없다는 사실이다. 느낌적으로 부모에게 무언가 있지 않을까, 그 부모가 자녀와 소통은 될까, 하는 의구심이 들었다.

피해자 엄마를 통해 들은 상세 내용은 다음과 같다. 가해자는 폰을 받은 당일 저녁 유심 칩을 빼고 아예 처음부터 자기 것으로 하고 싶은 의도가 있던 양 계정을 자기 것으로 바꾸었으며, 약속한 날 돌려주지 않음과 함께 1학년 모 학생에게 주었다는 거짓말로 피해 학생을 혼란케 하였다. 담임 입회하에 전체 1학년을 모아 확인하는 과정에서 페이스북 메신저로 '찾았어?'라고 보내는 비상식적인 행동까지 했다.

가해자 엄마는 자기 딸을 완벽한 아이라고 소개했다. 그녀는 자기의 확고한 교육적 신념에 따라 이 땅 대한민국의 15세 중 2학년 자녀에게 이제껏 한 번도 핸드폰을 사준 적이 없는 엄마였다. 아버지도 마찬가지고. 주변에서 쉬이 만나기 어려운, 부부의 일치된 양육 태도에는 높은 점수를 주고 싶었다. 이토록 중요한 사안에 사건에 대한 사전 정리가 없었는지 부모–자식 간 말이 달랐다. 스스로의 말에도 앞뒤가 맞지 않는 가해 학생에게 이제부터라도 '사실'을 말해주기 바란다고 하였다. 아전인수격으로 해석하는 '각자의 진실' 말고 말이다. 잘못은 그것을 안 순간 바로 잡으면 더 큰 잘못을 막을 수 있다고 덧붙이면서……

요즘 대한민국의 청소년들에게 핸드폰은 가히 분신과도 같지 않은가? 그것을 소지하는 것의 순기능과 역기능을 논하기도 해야겠지만 시대가, 세태가, 대세가 그러할 때는 그럴 만한 이유가 있을 것이다. 자신의 행위에 대한 인정도 필요하고 동시대인으로서 매 순간 나의 좌표를 확인하는 소통도 절실히 필요함을 느낀 소중한 사례였다.

남이 나에게 하는 인정의 사례를 하나 적어본다. 타인의 가치 판단은 나 자신의 인정에 비하면 조족지혈이긴 하지만. 초등 6학년 2학기 때 나는 소위 공부에 재미가 붙기 시작하는 느낌이 생애 최초로 들었다. 더하기와 빼기, 곱하기와 나누기가 있는 사칙연산을 할 때 곱셈을 먼저 하고 괄호 안을 우선 계산하는, 수의 규칙이 재미있고 매력적이었다. 정답의 정확도가 급우 중 뛰어나 50대 후반의 누가 봐도 편애가 심했던 담임 선생님은 거의 매 수학 시간 나에게 분필을 주며 칠판 빽빽이 문제를 내게 하고 아이들이 다 풀기를 기다려 답도 달게 했다. 만점은 반에 몇 명 안 돼 손에 꼽을 정도였다. 그때 나와 쌍벽을 이루던 남학생 하나는 중·고등학교 6년의 시간 후 서울로 유학 와 대학교에서 다시 만났으며 현재 K방송국에 재직 중이다.

토요일이나 일요일 저녁, 가족들은 안방에서 가족오락관이나 코미디 프로그램을 큰 소리로 떠들고 웃으며 볼 때 나는 내 방 책상에 앉아 친구가 만들어준, 지리 시간에 배운 동해와 서해 바다에서 잘 잡히는 어종을 첫 글자만 따서 외우고 있었다. "조민갈은 서해(주)를 좋아해"(조기, 민어, 갈치는 서해에서 난다)가 그 문장이었다. 당시 조민갈과 비슷한 이름의 남학생이 6학년 다른 반에 있었고, 사실 여부와는 무관하게 그 아이가 나를 좋아한다는 억측 혹은 상상의 글을 동성의 친구가 만들어준 것이었다. 순전히 잘 외우라는 뜻으로! 연필로 우리나라 지도를 거의 한 획에 그리며 각 고장의 특산품 등을 막힘없이 적기도 하였다.

초등 6학년에서 중학생으로 넘어가던 겨울 방학 1월에 친할아버지가 돌아가셨다. 같은 기간 초등학교 전 과정을 정리하며 중학교 반 배정을 위한 배치고사용 문제집을 두어 권쯤 사서 풀었을까? 운이 지독하게 좋았던지 그 반대였던지 천 명 중 1등을 하는 바람에 대구여중에 수석으로 입학을 하게 된다. 직모인 머리를 당시 유행했던 핀컬펌으로 고수머리를 만들고 엄마가 양장점에서 맞춰준 투피스—교복 자율화 세대임—를 입고 신입생 선서를 하고 들어간 학교에서는 내내 나를 제외한 모든 타인의 이목에 신경이 쓰일 수밖에 없었다. 매점에서 과자를 사고 교정을 가로질러 갈 때 한두 해 선배 언니들까지 나를 가리켜 하는 "쟤가 걘가 봐."라는 소리를 들어야 했다. 거의 3년 내내 전교 1등을 놓치지 않았고, 덕분에 학교 선생님들의 눈엔 들었을지 모르겠으나 교우관계는 그다지 왕성하지 못했던 기억이다. 엄마는 아마도 내가 상당히 자랑스럽고 뿌듯했으며 나는 때때로 기뻤을 것이다. 인생의 많은 것이 상대적이어서 주목받는 인생은 때로 외롭고 안타까워야 했다. 친구들의 연예인 관련한 대화에는 일절 끼질 못 했고 명작이나 고전을 읽기는커녕 하이틴 로맨스 두어 권으로 그 좋은 감수성의 사춘기를 날려 보내고 있었다. 남들의 인정에도 불구하고 정작 자신은 만족이 없었던 것 같다. 부모님께 공부로 인정받는 것으로 사랑을 갈구했던 무의식의 욕구에서 발현된 학구열이 명문대 입학이라는 최종 목표를 이루고 나자 시들해진 것은 오히려 당연한 일일지도 몰랐다.

잘난 척, 있는 척, 아는 척(=3척 동자) 하지 말고 모든 희망사항과 사실을 분리하는 능력을 발휘할 것. "그래요, 나는 이런 사람이에요." 하며 민낯을 있는 그대로 인정하면 자유로움을 얻는 그 순간 행복도 나의 것이다.

"있는 그대로의 나를 솔직하게 인정하는 것.
이 이상 든든한 출발이 어디 있으랴."
- 칼릴 지브란

3

조율 : 하나 되려는 마음

/

인생은 해결해야 할 문제가 아니라,
부딪혀 마주해야 할 현실입니다.
– 쇠렌 키르케고르

온 지구촌이 전대미문의 코로나 시국이긴 하나 그럴수록 연말을 그냥 보내긴 아쉬웠다. 30여 명 정도의 소규모 단체에서 다 같이 모여 합창곡 몇 곡을 녹음하여 유의미한 랜선 송년회를 하기로 하였다. 현역 뮤지컬 배우이자 실용음악 교수님을 모시고 음악, 합창 등에 대한 기본기를 전수 받는 시간.

"악보가 뭐라고 생각하세요?"

긴 생머리, 철저한 건강관리로 다져졌을 체형 좋은 선생님이 우리에게 물었다. 바로는 대답이 나오지 않았다. 얼마간의 침묵이 있은 후 "음표를 그려놓은 거요.", "보고 따라 부를 수 있는 책이오." 등으로 연이어 몇 사람이 답을 했다. 선생님은 우리들의 답을 다시 한 번 되뇌이며 칠판에 적어나가고 있었다. 머릿속에서 할 말을 다듬으며 반복하다가 이윽고 내가 말했다. "들리는 것을 보이게 해놓은 거요."

선생님의 반응이 이채로웠다. 당신의 15년 교육 역사상 악보가 무엇인지 묻는 질문에 가장 통찰력 있는 답변이라는 찬사를 해주셨다. 얼굴이 빨개지고 부끄러워 몸 둘 바를 모르겠는 정도였다. 동시에 마음속 깊은 곳에서 뿌듯함이 피어올랐다. 그 여파인가, 수업이 끝나고 남녀 혼성의 각 파트를 정하는 과정에서 지휘자가 있어야 한다는 의견이 나오고 얼결에 다수의 지지를 받고 지휘자까지 되었다. 반백의 나이에 처음 가져보는 타이틀이다. 사실 합창이라는 상황이 아주 낯설지는 않다. 악보도 어느 정도 볼 줄 안다. 초등 3학년부터 6학년까지 대구 MBC 문화방송의 어린이 합창단원이었고 중·고등 학창시절에는 쉬었지만 대학 때 문과대노래패연합의 일원이었다. 현재 코치 합창단 소속으로 소프라노의 우렁찬 목소리 담당이기도 하다. 기본적으로 노래하는 것을 좋아하고 음정, 박자에 대한 이론과 실제의 정확도가 높은 편이라 자부한다.

어떤 일을 맡은 이상 이름을 걸고 잘해야 했다. 흥분한 나머지 당장 지휘봉을 사네 마네 그 밤에 야단을 떨었다. 음감 좋고, 교내 합창경연대회에서 빼어난 지휘로 수상 경력까지 있는 두 딸에게 지휘자의 현란한 손동작에 대한 개인 과외도 받았다. 단조로움을 탈피하고 재미가 있으려면 속도와 강약의 변주 등에도 신경을 써야 했다. 점점 크게와 점점 여리게 부분을 지정하였다. 가장 근저에서 기억해야 할 것은 우리는 합창을 한다는 사실이다. 합창은 독창과 다르다. 소수정예로 하는 중창과도 비슷한 듯 차이가 있다. 곡 전반에 걸쳐 한두 사람의 튀는 목소리가 있어서는 안 되었다. 그럼에도 〈우리의 사랑이 필요한 거죠〉 노래 중 남성 테너 독창 부분은 삽입하여 분위기를 살렸다. 누가 봐도 탁 트인 목소리가 시원스럽고 좋은 분께 부탁을 했다. 악보를 손에 들고 보면서 노래하지만, 집에서 가사를 몇 번씩 써보면서 외워주기를 부탁했다. 매 순간마다 지휘자의 눈과 손을 놓치지 말아줄 것을 당부했다. 녹음할 때 마이크의 위치도 파트별 소리를 여과 없이 다 담아낼 수 있는 최적의 위치에 놓았다. 소프라노와 알토 녹음 시에는 전반적인 목소리가 작아 일당백하는 성량으로 마이크 가까이에서 목소리 찬조도 하였다.

지휘자로서, 선출된 각 파트장 네 명을 위시하여 전체를 아우르고 통솔하였다. 짧은 시간이었지만 아는 지식을 총동원하고 정성을 다하였다. 수줍음에서 점차 신뢰로 채워지는 한 사람 한 사람과의 눈 맞춤이 그렇게 감미로울 수가 없었다. 그렇게 그들의 눈빛을 조율하고 목소리를 조율하였다. 첫 녹음이 끝나고 어떠냐고, 만족하시냐고 물었다. 꼬집어 말하기는 어렵지만 대다수가 무언가 아쉬움이 있다고 느끼고 있었다. 사람의 마음은, 사람의 귀는 비슷한가 보았다. "내가 여기서 틀렸어. 한 번만 다시 해봐요." 숫제 자수하는 사람도 나왔다. 모든 파트가 두 번씩의 녹음을 했다. 할수록 알아지는 게 있었다. 이전보다 그 다음이 더 잘할 것 같았고 실제 그랬다. 할수록 늘고 있었다. 집중과 연습의 힘이리라. 남성 테너 군단이 완전함에 대한 욕심이 더 큰지 전원의 요청에 따라 세 번을 불렀다. 그쯤 되니 아마추어로서 어느 정도 만족할 수 있었다. "햐, 이제야 마음에 드네. 할수록 더 잘할 자신 있지만 욕심 내려놓고, 마음 비우고 여기서 만족합시다." 우리 중에 연장자 한 분이 말씀하셨다. 합창이 난생 처음인 이도 있었다. "이 나이에 합창을 처음 해봤네요. 녹음된 것 들어보니 참 아름답고 좋습니다. 사람의 목소리가 모이니 이렇게 고울 줄이야. 스스로가 참 뿌듯합니다."

뜻 모아 마음 모아 함께 무엇을 창조한다는 것은 얼마나 아름다운 일인가! 30명의 목소리가 한 사람의 그것처럼 고르고 조화롭게 아름다운 선율을 만들어냈다. 모두의 마음에 연말의 온기가 퍼져가고 있었다.

"잠자는 하늘님이여 이제 그만 일어나요.

그 옛날 하늘빛처럼 조율 한 번 해 주세요."

– 〈조율〉, 한경애 노래

4

거래 : 너무 엄정해 무섭기까지 한 것

/

삶의 목적이 행복해지는 거라고요?
중요한 것은 생산적이고 가치 있는 사람이 되어
삶에 조금이라도 변화를 만드는 겁니다.
— 레오 로스텐

끌어당김의 법칙이 있단다. 유유상종이라고도 한다. 비슷한 사람끼리 만난다. 에너지의 결도, 의식 상태도 동급인 사람끼리의 만남. 그래서 서로 내가 잘났네, 네가 잘났네 할 필요가 없다. 요사이 회자되는 말, 내가 좋은 사람이어야 좋은 사람을 만난다는 이야기가 그것이다. 남 탓할 필요가 전혀 없다.

결혼식장 하객들은 혼주를 대표로 한 그 가족을 뭉뚱그려 신랑과 신부

양쪽을 비교하기에 여념이 없다. 무의미한 노릇 같다. 경제적인 상황이나 인품 등 여타 세속 조건들의 총합이 어느 정도 엇비슷하니 혼사가 이루어진 거라고 본다. 저울이 특별히 어느 쪽으로 기울고 말고가 없을 것 같다.

  돌이켜보니 딱 나랑 비슷한 수준의 사람을 만났다. 시간이 흐르는 동안, 한동안 드러나지 않던 왜곡된 형태로의 본성이 발현된 것을 자주 보게 되었다. 심히 실망스럽고 마뜩치 않았다. 권태감도 더해 마음이 변하였다. 이제는 감당하고 싶지 않다는 생각이 단호하게 들었다. 시절 인연으로 만나 서로에게 하나의 공부꺼리를 제공해주었으니 그것으로 된 것이 아닌가. 당시 일생일대의 중요한 사건도 있어서 주변 정리를 마음먹는 계기가 되었고 그 일환이기도 하였다. 결별을 통보하였는데 많은 경우 그러하듯 다른 한쪽이 납득이 쉽게 되지 않았다. 이쪽은 이미 문을 닫았는데 저쪽이 일방적으로 연락해옴에 오랜 시간 묵묵부답으로 일관하였다. 당당하지 못한 처사였다. 마무리를 정확히 하지 않음에 악감정이 증폭되고 괘씸한 마음이 들었나 보다. 과거의 일을 거론하였다. 증명할 방법은 없지만 당시는 그냥 주었던 물질을 이제는 되돌려 받아야 되겠다고 한다. 양심은 알 터인데. 보편적 정서인 역지사지로 생각하면 그럴 수 있겠다는 생각이 감정이 좀 가라앉은 뒤 찾아들었다. 돌아오면 재고해보겠다 한다. 그러나 여하한 경우라도 다시 돌아갈 수는 없음이다. 아니, 돌아가기 싫음이다. 이미 금이 난 사기그릇, 깨어진 관계를 다시 이어 붙이고 싶은 마음은 추호도 없다. 그렇다면 더더욱 반드시 시급하게 해결해야 할 문제였다.

벌어진 사태에 대한 설명과 함께 처리 방법에 대해 주변에 자문을 구하였다. 스스로는 그런 해석을 내리지 못했으리라. 관계 속에서의 내 오랜 습의 발현이 아닌가 생각해 보라신다. 공짜 좋아하고 거지 근성인 업보(카르마). 무릎이 탁 쳐졌다. 아, 나는 입으로 떠드는 것만큼 실제로는 삶이 당당하지 못했나 보구나. 스스로를 종속된 삶으로 밀어 넣고 거기서 안주하려 하며 살았구나. 또 다른 측면에서 본다. 사람과의 관계에서는 주고받는 거래가 어떻게도 성사될 수 있겠으나 하늘과 사람의 거래에서는 다른 문제다. 하늘에서 보실 때는 나는 분명히 받았으니 돌려주어야 마땅하다는 것이다. 100퍼센트 수긍이 되었다. 책임을 다하여야 한다고 한다. 하늘 무서운 줄 알고 한 치의 오차도 없는 하늘과의 거래를 분명히 하여야 함이다. 그리했을 때 나에게 내려오는 천복을 제대로 당당하게 받아 누릴 수 있을 거라 하신다. 이번 일을 정직, 성실, 책임감 있게

해결함으로써 유전자 속에 들어 있는 내 오랜 업장이 완전히 소멸되길
바란다.

  자판기에 500원짜리 동전을 넣으면 그 값 이하의 물건을 살 수밖에 없
다. 삼척동자도 안다. 500원짜리로 1,000원짜리를 구하면 거래가 성사
되지 않는 것이 자명하다. 1,000원짜리 지폐를 넣을 때는 몇 가지 경우의
수가 생긴다. 500원짜리를 두 개 사든지 1,000원짜리를 사든지. 어찌 되
었든 투입한 금액과 산출된 상품의 가격이 맞아야 바른 거래인 것이다.
카지노에서 잭팟이 터지듯 언젠가 500원 동전을 넣었는데 물건도 나오
면서 500원짜리가 그대로 나온 경우가 있었다. 그런 땐 하늘이 주신 축
복이라 해야 할까? 엄정한 거래의 법칙을 안다면 그 마음으로 무언가 어
떤 형태로든 보답을 해야 할 것 같다.

  에너지는 돌고 돈다. 법칙상 지금 A에게 B의 형태를 받지만 반드시 A
에게 B의 형태로 돌려주는 것은 불가능하다. 대신, C에게 D의 형태로 나
누어줄 수도 있다.

  거래의 법칙이 있다지만, 받기보다 주기를 더 할 때 마음이 더 편하고

행복한 것 같더라. 끝끝내 이익 보려는 마음보다 굳이 따졌을 때 조금 손해 보는 마음이 더 행복하더라. 밥 한 번 더 사고 셈을 잊어버리는 것이 행복한 일이더라. 진정 부자에게 밥을 사면 묘하게 속이 더 편한 일이더라.

5

공부 : 평생의 숙제거리

/

> 무릇 반걸음이라도 쌓이지 않으면 천 리에 이를 수 없고
> 작은 물줄기가 모이지 않으면 강과 바다가 될 수 없다.
> 천리마도 한 번의 도약으로 열 보를 갈 수 없으며
> 둔한 말이라도 열 마리가 끌면 그 결과가 달라진다.
> 인내심을 갖고 끝까지 하면 쇠와 돌도 조각할 수 있다.
> – 순자

처녀 적 한때 사주보기를 즐겨 했다. 삶에 대해 무엇이 그리 궁금했을까? 미래에 대해서? 과거에 대해서? 현재 당면한 문제에 대해서? 과거에 대해서는 잘 맞추나 하는 정확도와 해석이 궁금했을 터이고 미래에 대해서는 잘 맞추나 하는 예지력과 기대가 내포되지 않았을까? 가장 중요한 건 지금 여기의 현재인데.

그런데 정작 결혼을 앞두고는 아무것도 보지 않았다는 것이 아이러니일 수 있겠다. 이후 결혼 기간 중 불안정한 시기에 두어 번 의탁한 적이

있다. 주로 경제적인 문제에 봉착했을 때였다. 그때 역술인은 이런 말을 했었다. "돈이 많아서 배우자가 바깥으로 눈 돌리는 게 좋겠습니까, 빠듯하게 살면서 나만 바라보는 게 좋겠습니까?" 이도 저도 대답을 못 했던 젊은 새댁.

"나는 내 몸이 다칠 때마다 돈이 생겨."라는 말을 다소 자랑스럽게 하던 이웃 학부모가 있었다. "난 먹을 복은 평생 있다더라." 가까운 지인의 말이다. 정말 운명은 사주팔자로 타고나는 것일까? 의지로, 노력으로 바꿀 수가 없는 건가?

사주가 이래서, 팔자가 저래서 이생에서 인연법에 따라 겪는 모든 일들이 소위 공부라고 할 수 있겠다. 그런 공부에는 몸 공부, 사람 공부, 돈 공부 등이 있단다. 몸이 평생 아픈 사람이 있다. 몸이 아픈 것은 몸이 아픈 것에만 그치지 않는다. 그 사람의 마음과 정신까지 병들게 하고 잠식한다는 게 문제다. 몸 아픈 사람은 몸 아픈 것으로 때로 가족들을 통제하는 경우가 있다. 그럴 때 가족들은 몸 공부하는 그 사람을 통해 사람 공부를 하게 되는 거겠다.

사람 공부는 사람으로 인해서 겪는 공부를 말한다. 혈연적으로 가장 가까운 관계인 부모를 통한 공부, 자식을 통한 공부가 대표적이겠다. 내 입장에서는 부모와 소통하지 못해서, 자식이 속을 썩여서 내가 공부를 한다고 생각한다. 그러나 상대방 입장에서 보면 그 부모는 자식이 또 어려운 대상이고 그 자식은 부모가 자기를 몰라준다고 하소연할 법하다.

2인 이상을 상정하는 관계에서는 어떤 경우에도 일방적인 잘못이 있기가 어렵다. 상호작용 속에서 서로 영향을 미치고 끼치는 것이다. 그것을 깨닫기만 해도 큰 공부가 되겠다.

나는 잘못한 것이 없고 상대에게만 잘못이 있다고 느끼고 생각하고 행동하면 참으로 갑갑해지는 것이다. 공부가 끝나지 않는다. 남녀 관계에서 연애를 할 때 비슷한 패턴의 사람을 계속 만난다고 호소하는 경우가 있다. 첫 사람과의 공부가 제대로 되지 않았기 때문이다. 관계를 대하는, 문제를 바라보는 내 의식과 행동에 변화가 없으면, 곧 그 관계 속에서 공부가 완성되지 못하면 다른 곳, 다른 사람을 만나더라도 또 유사한 공부거리를 만나게 된다. 한 직장/부서에서 잘 적응하지 못하는 사람은 다른 곳으로 옮겨가도 마찬가지인 경우도 같은 맥락에서 설명된다. 설상가상으로 더한 악조건의 직장 내 인간관계를 만나게 되기도 한다. 세상을 바꾸는 것은 어렵다. 내가 바뀌어 세상을 보는 관점이 변해야 한다.

이제 돈 공부는 어떠한가? 아마 이 시대 가장 큰 에너지 덩어리가 많은 사람들의 염원이 담긴 돈이 아닐까 한다. 돈은 실물경제에서 생물이다. 돈이 잘 다니는 길이 있고 돈에도 눈이 있다고 한다. 개같이 벌어 정승처럼 쓰라는 말이 있듯 돈을 가치 있게 쓰고 모름지기 예의를 갖추어 대해야 한다. 돈을 좇지 말고 돈이 나를 따라 오게 하라는 말은 누차 들어왔지만 그 방법론에 대해서는 물음표가 생긴다.

몸, 사람, 돈 공부 중 돈 공부가 제일 하층의 공부라는 데 동의한다. 내 몸 아픈 것 싫고, 인간관계에서 힘든 것도 내키지 않는다. 돈은 설명하기 좋은 말로 있다가도 없고 없다가도 있다. 몸 공부의 해결책은 내 몸은 내가 치유하려 노력할 일이다.

나에게 문제가 있는 것이 아니라 상대의 삐뚤어지고 뒤틀린 의식에 문제가 있을 때는 정말 관계의 해결 방법이 없어 보인다. 특히나 상대가 나보다 직위가 높고 연장자일 때 더 그렇다. 소위 '갑질'의 기본 요건이 조성되는 셈이다.

사람 공부의 해결책은 정말 힘든 상대를 만났으나 그럼에도 상대를 감화시키는 것이 나의 도력일 것이다. 참다 참다 안 될 때는 부딪혀 깨어져 봐야 죽이든 밥이든 된다. 서로 꽁하니 긴장감만 유지하고 독 쓰고 있기보다 접점에서 만나 해결해보려는 시도가 유효하다.

돈 공부의 해결책은 내가 열심히 벌어 잘 쓰기만 하면 끝인가? 이제 겨우 뭘 좀 알아 물질 공부를 끝내고 정신세계의 공부를 하고 싶은데 말이다. 혹여 영원히 마무리되지 않으면 돈을 초월해야 하나? 물질세계의 허망함을 뼛속 깊숙이 자각한, 구도심이 막 생긴 초지(初志) 단계는 된 것같은데 말이다.

공부에는 수업료가 든다. 학교 공부도 그러하고 인생 공부도 마찬가지. 수업료를 덜 치르고도 공부가 된다면 다행이겠지만, 공부를 대하는 자세나 태도, 인연이 맞지 않거나 무지몽매하다면 시간은 시간대로 금전적인 손해도 감수해야 한다.

공부, 갈 길이 멀고 끝도 한도 없다. 어차피 평생이 걸릴 숙제이니, 일찍 끝내면 여유가 좀 있을까? '아니다, 인생이라는 학교를 다니는 한 숙제의 끝은 없겠구나.'라는 깨달음이 막 든다. 미숙아로 곧 죽을 것같이 태어났지만 천복을 받아 지금껏 병원 신세 모르고 잘 살고 있다. 사람 공부는 내가 성숙되는 만큼 좋은 사람, 좋은 인연들이 주변에 몰리며 교통정리가 되리라 믿는다. 천만다행이게도 나는 자식 복이 있단다. 1남 2녀, 세상에 둘도 없는 천군만마다. 돈 공부는 내 몫만큼은 자신 있다.

"바른 몸가짐은 바른 마음에서 나온다.

몸을 닦는 것은 그 마음을 바르게 함에 달렸다.

공부란 달아난 마음을 찾는 것일 뿐이다."

– 정약용

6

근원 : 왔다가 다시 돌아가는 자리

/

성공은 행복의 열쇠가 아닙니다. 행복이 성공의 열쇠입니다.
당신이 하고 있는 일을 사랑한다면, 당신은 성공한 것입니다.
— 알베르트 슈바이처

아버지가 돌아가셨다. 2022년 임인년 범띠이신 당신의 해를 맞지 못하고 작년 연말 동지에 돌아가셨다. 슬픈 것은, 2년 동안 요양원에 계시다 갑자기 벌어진 일이라 집에서 뵌 모습이 오래되어 실감이 나지 않더라는 거다. 이제 더 이상 집에 안 계신 것이 잠시 부재중이신 건지 아주 안 계신 건지.

내가 조금만 더 현명했으면 임종을 지켰으리라. 열이 높고 혈압은 낮고 호흡이 가쁘다 할 때 가장 중요한 것은 호흡이다. 목'숨'이다. 그때 어떡하든 자리를 지켰어야 했다. 천추의 한이 되는 마음을 겨우 가라앉힌다.

다달이 붓고 있던 상조회사의 도움을 빌어 급하게 빈소를 차렸다. 코로나 상황이었으나 많은 분들이 직접 조문이나 연락으로 위로를 해오셨다. 엄마, 나, 군에서 경조 휴가로 나온 아들 포함 아이들 셋이 일당백으로 움직였다.

누구 집에 아기가 태어나면 일없이 백일 계산부터 해보는 나. 49재가 언제인지 바로 달력을 보았다. 나는 적어도 그런 것의 의미와 필요성을 안다. 아는 이상 외면할 수 없음이다. 현생의 시간으로 수요일에 돌아가셨으므로 7의 배수일이 되는 매주 화요일이 재날이다. 모든 현상은 보이지 않는 신명들의 움직임으로 일어난다 한다. 보이지 않는 신도가 열 배의 에너지로 선행해야 보이는 현상에서 그 10분의 1인 1의 에너지로 나타나게 된다. 아버지 하늘나라 가시는 길(천도)에 유일한 자식인 내가 온전히 집중할 수 있도록 마침 얼마 전 퇴사를 하여 시간이 많은 상태였다. 이 또한 예비된 일인가 싶은 생각이 들었다.

장례와 삼우제를 마치고 이틀 후인 첫 화요일 일잿날이 되었다. 전주

모악산으로 홀로 길을 떠났다. 고속버스를 타고. 갈 수 있어 다행이었다.

두 번째 화요일 이잿날이 되었다. 모악산으로 길을 떠났다. 나더러 고생 많았다 하셨다.

세 번째 화요일 삼잿날이 되었다. 모악산으로 떠났다. 고맙다 하셨다.

네 번째 화요일 사잿날이 되었다. 모악산으로 갔다. 집착을 놓고 비우라고 하셨다. 이제 반을 넘어섰다.

다섯 번째 화요일 오잿날이 되었다. 모악산에 갔다. 아버지는 이제 하늘에 맡기라 하시고 나의 사명에 대해 말씀하신다.

여섯 번째 화요일 육잿날이 되었다. 마침 설날이었다. 하늘의 기운을 무척 많이 받는 축복의 날이란다. 서울서 엄마와 애들과 떡국을 만들어 먹고 여전히 혼자 모악산에 갔다. 이번엔 연휴여서 1박하며 머물렀다. 좋았다.

이제 그다음 화요일이 칠잿날이자 막잿날이다. 하루 전날인 월요일에 모악산으로 내려갔다. 평일에 움직일 수 있음이, 이 또한 하늘이 허락하신 시간이었다. 다음 날 정화수를 떠 와 마지막 기도회를 엄숙하면서도 밝게 잘 모셨다. 아버지와 이제 남은 원가족 두 명인 엄마와 나의 3인이 해원하였다. 너무도 큰 감동의 시간이었다. 아버지가 말씀하셨다. "매주 이만큼 정성 들여 고맙구나, 내 딸아. 네 업장을 가져가마. 네 할 일을 하여라." 한의 자리, 근원의 자리에 빛이 되어 가셔서 이생의 인연법으로 부녀간이셨던 내 아버지가 말씀하셨다.

알고 모르고의 차이는 그런 것이다. 아는 이상은 모른 체할 수 없음이고 알았으면 달라져야 한다. 공자님은, 아는 것은 안다 하고 모르는 것은 모른다 하는 것이 진정 아는 것이라 하셨다고 한다. 아는 것은, 올바로 안다면 앎에서 그치지 않고 행동으로 옮겨 앎을 완성해야 할 것이다.

"알고 있을 뿐 행하지 아니하면 알지 못함과 같다.
친할 뿐 믿지 아니하면 친하지 않음과 같다."
– 공자

근원에 관한 삼단 논법
나의 육체적 근원 = 엄마 + 아빠 (더 위로는 조상님)
나의 에너지적 근원 = 하늘 + 땅
곧,
부모님=하늘, 땅

HAPPINESS CONSENSUS

5장

함께하기

받아들이거나 내려놓거나

'보고 싶은 사람은 못 봐서 괴롭고 미운 사람은 만나서 괴롭다.'
인생의 아이러니이다.
그런데 측은지심을 가지고 인연법에서 보면 다 거기서 거기, 위로가 되기도 한다.

옷깃만 스쳐도 인연이란다. 내가 좋은 사람이면 좋은 사람이 내게 온단다.
가는 사람 안 잡고 오는 사람 안 막는 거란다.
웃으면 복이 온다니 되도록 많이 웃을 일이다.
함께하기의 행복으로 배우고 공명하며 성장해가는 것을 엮어보았다.

함께 만드는 좋은 인연
함께하면 배가 되는 웃음
함께 가르치고 배우는 너와 나
함께 울리는 파장 공명
동반 성장
나만의 체험 함께하기로 행복에 합의해보자.

1

인연 : 귀하고 귀한 만 년의 시간

/

다른 사람의 행복을 진심으로 축복할 수 있게 되고,
다른 사람의 행복을 위해 적극적으로 공헌할 수 있게 되네.
– 기시미 이치로, 고가 후미타케, 『미움받을 용기』

옛날 옛적 저 깊은 바다에 거북이 한 마리가 살았더란다. 거북이는 장
수하는 동물의 대표적 상징. 나이도 무척 많은 호호 할아버지 거북이었
더란다. 그런데 불행하게도 그 거북은 두 눈이 다 멀었더란다. 그럼에
도 100년에 한 번씩 수면 위로 떠오르며 바다를 유유히 헤엄치며 살았는
데……. 어느 날 어디서 왔는지 망망대해에 판자 하나가 나타나 떠 있더
란다. 눈 먼 거북이와 나무판자. 둘은 지척에 있었지만 파도의 움직임에
따라 이리 흔들리고 저리 흔들리며 서로가 닿지 않고 외따로 떠 있는 시

간도 많았으리라. 어쩌면 서로의 존재도 인식하지 못한 채 말이다. 그러다 어느 날 운명적인 일이 벌어졌더란다. 그건 바로, 판자 가운데 구멍으로 그 눈 먼 할아버지 거북이가 머리를 쏙 내밀었던 것이다! 거북이는 오랜 고독의 시간을 떨치고 곁에 무언가가 닿는 느낌이 안정적이고 좋았더란다. 그래서 오래오래 그렇게 둘이 의지하며 바다 위에 떠 있었다는 풍문이 있다. 둘의 조우는 1,000년 만의 일이란다. 그런 조건에서 두 주체가, 두 존재가 만날 확률이 얼마나 될까? 그것이 모든 인연 중에서도 도를 만나는 인연이란다. 그토록 희박한 확률로 찰나지간에 귀한 도를 만나게 된단다. 그러니 그 인연을 못 만난, 도와 인연이 없는 사람도 부지기수다.

현대의 무한경쟁 시대를 잘 살아내야 하고 잘 살 수 있는, 우리 모두가 경험했던 거대하고 막강한 확률이 있다. 너무 오래되어 기억나지 않을지 모르겠으나 우리는 너 나 할 것 없이 한 개의 난자와 만나기 위한 1억 개의 정자와 경쟁하지 않았던가? 그 높은 경쟁률을 뚫고 태어나 이렇게 사람 꼴을 하고 살고 있지 않은가. 웬만한 입시경쟁이나 취업대란도 우습게 이겨 먹을 수 있는 막강한 경쟁력이 아닐 수 없다.

인연에는 선연과 악연이 있다. 첫 만남부터 악연으로 만나는 경우가 많을까? 양자가 나쁜 마음으로 시작하였으면 그럴 수도 있겠다. 그러나 보통의 경우엔 처음엔 다 좋은 인연으로 시작할 테다. 시간의 흐름 속에서 상황이 변하고 항심이 아닌 부평초 같은 나와 상대의 마음이 변해서 인연의 질이 변질된다. 어떤 상황에서 관계에 변화가 생기면 여기서 또 주의할 것은 집착하지 않을 일이다. 집착하고 억지로 하려 하면 그것이 업이 된다. 인연이 다하고 마음이 떠난 사람을 붙잡아보겠다는 헛된 노력은 무의미하다. 그냥 그대로 놓아줌이 바람직할 것이다. 시절 인연으로 만나 서로에게 어떻게든 영향력을 미쳤다는 마음의 점 하나 남겨두는 것.

만남은 운명이고 관계는 노력이라고 한다. 옷깃만 스쳐도 인연이라는 데 기본적으로는 인간관계를 잘할 일이다. 허나, 나를 해치고 피폐해져 가면서까지 인연을 이어가는 어리석음보다는 이기적으로 평가되는 길을 택하겠다.

여기까지 쓰고 잠시 휴식을 취하려는 찰나 아이 책상에서 『좋은 사람에게만 좋은 사람이면 돼』라는 책 제목이 눈에 띈다.

인연이 사람과의 인연만 있을까? 그렇지 않다. 더 애틋하고 더 두고두고 생각날 수도 있는 사물과의 인연. 사물에 마음이 있을 수도 있겠으니 그걸 밖으로 내보낼 수 있는 입만 있다면 사람들과의 대화는 저리 가라 할 정도로 많은 사연들로 시끄러울 법도 하겠다. 물건 중 가장 중요하게 여기는 건 현대는 핸드폰이고 1989년 대학 신입생 땐 부모님께 입학 선물로 받은 가죽 반지갑이었다.

5월에 축제가 있었다. 출생 후 머리털 나고 20년 만에 경험하는 첫 축제라 한껏 들뜬 마음으로 동아리 방에 삼삼오오 모였다가 거추장스럽게 여겨진 가방을 두고 백양로 탐험길에 나섰다. 두어 시간 실컷 바람 쐬고 돌아와보니 한바탕 난리가 나 있었다. 우리 동아리만이 아니라 축제라는 어수선하고 붕 뜬 분위기를 악용한 소매치기가 곳곳에 출현했던 모양이다. 이 방 저 방 피해자가 속출했다. 급히 가방을 확인하니 지갑이 사라지고 없었다! 순간의 편안함을 택한 부주의함을 탓했으나 이미 늦었다. 돈 몇 만 원 들어 있던 것은 괜찮았다. 색동저고리 한복을 곱게 입은 내 서너 살의 모습은 이제 두 번 다시 실물 사진으로 만나기가 어려운 상황이 되었다. 피해자들은 몇 날 며칠을 한마음으로 돈만 빼고 나머지는 돌려받을 수 있기를 염원했었다. 그러나 영영 안녕이었다.

지갑 분실은 한 번 더 있었다. 어쩐지 그날 아침에 희한하게도 지갑에 눈길이 가더라니……. 기운의 흐름을 마음과 마음은 이미 알고 통해서 마지막 인사를 나누었나 보다. 복잡한 지하철 안에서 몸이 접촉되는 걸 최대한 피해 가방도 잘 보듬어 안았다고 생각했는데 목적지에 내리고 보니 면도날로 찢은 듯한 가로줄이 가방 뒷면에 나 있는 것이 아닌가! 귀신 같은 솜씨로 지갑을 빼내 갔다. 역시나 현금 분실과 신분증을 재발급받아야 하는 번거로움은 애장품과의 영원한 결별이라는 마음의 허전함에 비하면 아무것도 아니었다. 요사이는 남녀노소할 것 없이 거의 모든 이에게 핸드폰(을 포함한 지갑)이 최고의 소지품일 거다. 손바닥 안의 세상, 문명의 최첨단인 핸드폰으로 금융 활동을 포함한 모든 사회생활을 할 수 있으니 말이다. 한 몸처럼 여기는 핸드폰을 더욱 주의 깊게 잘 챙겨야겠지만 혹여 인연이 다하여 헤어지게 될 운명일 때는 집착하지 말고 의연하기를…….

도와 인연 있는 사람은 구도심을 갖고 평생 의식의 확장과 완성에 노력을 경주할 일이다. 진아를 알고, 기를 알고 영혼이 성장과 완성을 향해 나아가고 있는 나는 참 복이 많은 사람이다.

"생애 크고 작은 인연이란 따로 없다. 우리가 얼마나 크고 작게 느끼는가에 모든 인연은 그 무게와 질감, 부피와 색채가 변할 것이다."

– 최인호

2

웃음 : 신이 인간에게만 주신 공짜 보약

/

인간은 누구나 지금 이 순간부터 행복해질 수 있다.

행복이란 그 자리에 머문 채로는 향유할 수 없어.
걷기 시작한 길을 쉬지 않고 걷지 않으면 안 되네.
— 기시미 이치로, 고가 후미타케, 『미움받을 용기 2』

오래전 강단에 서서 청중에게 한 웃음에 대한 주문은 이러하였다.

"윗니, 아랫니 합해서 열여섯 개가 보이도록 활짝 웃으세요. 목젖이 보이게요."

무리한 요청인가? 영구치 개수가 보통 28개인 것을 감안하면 그럴 수도 있겠다. 그렇더라도 시도는 해보라. 단, 입이 찢어져 피를 볼 수도 있음을 주의할 것.

언어가 있기 이전에는 상대의 표정과 행동으로 의사소통을 하였으리

라. 울고 웃고 찡그리는 얼굴 표정으로는 소극적이나 더 세밀한 기분과 느낌을, 싸우거나 쓰다듬는 등의 행동으로는 보다 적극적인 감정 표현을 전달하였을 것이다. 문득 떠오르는 질문 하나. 언어가 있기 전과 언어 탄생 이후 중 인간사에 갈등, 불화, 분쟁 등의 발생 정도와 횟수는 어느 쪽이 더 크고 많을까? 전자와 후자의 객관적 시간을 단순 잣대로 재는 것은 불가능해서 공평치 못하리라. 그러나 모름지기 의사소통 방법은 생활도 단순할 때가 보다 평화로웠을 거라 미루어 짐작해본다.

억지로라도 웃으라 한다. 어린아이들의 하루 웃는 횟수는 3~400회, 성인의 웃음은 5~6회도 될까 말까 하단다. 올챙이 적 시절을 잊어버린, 감정도 정서도 생각도 메마른 어른들이 말한다. "웃을 일이 있어야 웃지." 그러나 웃음에 관한 부동의 진실은 웃을 일이 있어 웃는 게 아니라 웃다 보면 웃을 일이 더 생기고 즐거운 기분이 된다는 것이다.

인간의 감정과 사고와 행동의 명령 중추 사령탑인 뇌에 대한 연구가 꾸준히 이뤄지고 있다. 뇌가 가진 잠재력 중 빙산의 일각인 5~10%도 사용하지 않은 아인슈타인의 뇌를 세기의 천재적인 뇌라고 하는 것을 보면 우리 뇌는 그 가능성이 얼마나 무궁무진할지. 뇌는 진짜와 가짜를 구별하지 못해서 억지웃음을 짓더라도 엔도르핀이 나온다고 한다.

동물 중 사람만이 웃을 수 있다는 사실을 아는가? 가장 가까운 동물인 반려견, 반려묘는 한평생을 같이 살아도 자신의 견주, 집사에게 웃음 한 번 선사하지 못한다. 그럼에도 별 문제 없이 잘 사는 걸 보면 관계에서는 애시당초 분쟁의 씨앗거리인 말이 필요 없는 것인지도 모르겠다. 기본적인 의식주를 책임지고 요구사항을 파악하고 상대가 편한지 살피고. 내가 상대를 위해 하는 행위가 선심 써서 '해준다'는 생각조차 없이 대가 바라지 않고 선을 베푼다면 그곳이 그대로 천국이 아닐지.

웃음의 효과, 효능에 대해서는 인터넷에 여러 전문가들이 다양한 의견을 내놓고 있다. 배꼽 빠지게 웃는 정도, 너무 웃어 눈물 날 정도의 박장대소 웃음은 칼로리 소모를 이루어내 다이어트에도 효과가 있다고 한다. 그 웃음은 65개의 근육과 80개의 얼굴 근육 중 15개의 근육이 활성화되고 206개의 뼈를 움직여 에어로빅 5분의 효과가 있다고 한다. 웃음은 명약, 실로 대단한 치료제가 아닌가. 요사이 면역력이 초미의 관심사다. 체온이 1도 올라가면 면역력이 30% 증대한다고 한다. 얼굴이 붉으락푸르락 열을 낼 때까지 웃으면 스스로 자연치유력을 발동하여 셀프 힐링 건강을 챙길 수 있다.

'웃는 낯에 침 못 뱉는다'는 말은 일상적으로 체험하는 웃음의 마력이다. 잘못한 아이를 꾸짖을 때나 이런저런 연유로 쌍방의 감정이 격해졌을 때의 상황에 대해 생각해본다. 후자의 경우는 특히 한쪽이 잠시 자리를 비키는 것도 한 방법이지만 돌연 모드를 전환해 어느 쪽이든 부드러운 미소로 응하게 되면 많은 경우 감도는 공기의 성질이 온화해지고 감정이 누그러지기도 한다.

웃을 때 진짜 웃는지 가짜로 웃는지 알 수 있는 간단하면서 확실한 방법은, 입만이 아니라 눈이 따라 같이 웃는가의 여부이다.

자, 이쯤 되면 한 번쯤 전방을 향해 큰 소리로 웃어젖히고 싶지 않은가.

"입꼬리는 올리고, 눈꼬리는 내리고, 바로 실시!"

내가 웃으면 세상이 웃고 내가 울면 세상도 운다. 웃으면 천복이, 만복이 온다. 만고의 진리다.

"모든 생물 중에서 인간만이 웃는다.

인간 중에서도 현명한 사람일수록 잘 웃는다."

– 『탈무드』

3

배움 : 죽을 때까지 멈추지 않기를

/

대부분의 사람은 마음먹은 만큼 행복하다.
– 에이브러햄 링컨

배움은 삶의 전반에서 이루어진다. 시간과 장소를 불문하고, 나에게 배움을 주는 대상도 배우고자 하는 대상도 다양하다. 불치하문. 배우고자 하는 마음만 있으면 교사로 어린아이, 어른을 가리지 않는다.

배움이 보편적인 제도 속에서 이루어지는 장소는 학교일 것이다. 우리나라의 학제는 기본적으로 초등학교 6년과 중학교 3년, 고등학교 3년, 대학교 2~4년, 대학원으로 구성된다. 사람은 10년이 넘는 학교 교육에서 실로 많은 것을 배운다. 학인 스스로의 배움에 대한 열망이나 학구열 때문이든 부모들 간의 경쟁심리 때문이든 학교 외에도 배움의 장은 많아서 다양한 학원들이 그 역할을 한다. 학령기 학생들은 학원에서 중요 교과목에 대한 보충이나 선행 학습을 하기도 하고 성인들은 취미나 자기계발을 위해 그에 맞는 배움터를 찾는다.

지하철에서 이런 광고를 보았다.

학교에서만 배울 수 있는 것들이 있습니다.
다툰 친구와 화해하는 법
틀린 문제에 다시 도전하는 법
용기 내어 친구들 앞에서 발표하는 법
힘든 친구의 마음을 위로하는 법
좋아하는 일을 찾는 법

아이들의 배움이 계속될 수 있도록
서울시교육청이 함께하겠습니다.

무심코 보았는데, 예로 든 문장이 좋고 내용이 따뜻하다고만 느꼈다.

그런데 저 광고가 학교 밖 청소년들을 배제한다는 비판에 토론회를 가진 다고 한다. 다른 삶을 인지하지 못한 순간의 무지와 생각의 다양성을 느끼게 된다. 체제 밖에서의 유의미한 배움도 있음을 상기하게 된다.

고등학교까지의 학생 신분일 때는 매년 2월이면 전 학년도의 담임 선생님, 급우들과 종업식을 하고 짧은 봄방학을 보낸 후에 3월 2일 신 학년으로 진급을 한다. 교육 과정에 따라 작년에 배우던 내용에서 더욱 심화, 확장되는 내용을 계단식으로 배우곤 했다. 수학의 예를 들면 덧셈, 뺄셈, 곱셈, 나눗셈을 순차적으로 배운 후 더 고등한 연산을 배웠다. 일차 방정식에서 고차 방정식으로 나아가는 것도 같은 이치다. 대학교에 입학한 후에는 이전에 느꼈던 신 학년이란 개념도, 연계되면서 새로운 과목이나 배움으로 진행한다는 인식도 옅어졌다. 그도 그럴 것이 보통 대학교 입학과 더불어 성인이 되는 상아탑에는 미성년의 한 해를 책임지고 맡아 주는 담임이란 것도 없고 방대한 지식들이 산재되어 숨 막히게 기다리고 있었기 때문이다. 모든 일이 오직 나의 선택에 달린 것으로 무겁게만 느껴졌다. 인간관계는 어떠한가.

2~3학년 무렵으로 기억한다. 일기장에, 중·고등학교처럼 정해진 공

부 내용을 제시해주는 교과서와 보충 설명과 해답을 주는 전과가 있다면 얼마나 좋을까, 인간관계 과목이 있고 참고서가 있으면 관계에서 상처도 덜 주고받고 얼마나 좋을까, 라고 적고 있다. 드넓은 사회의 축소판인 당시의 대학에서 당면한 인간관계에 대해 진지하게 고심하던 때였다.

아버지는 나에게 기능적인 면에서 크게 다섯 가지를 가르쳐주셨다. 시간적 순서에 따라 등산, 장기, 자전거, 배드민턴, 운전이 그것인데 자전거와 운전은 배움을 완수하지 못했다. 여태까지 탈 것들은 제대로 탈 줄을 모른다. 대학 졸업반 2월에 운전면허를 취득하고 그해 식목일이었다. 아버지를 조수석에 앉으시게 하고 내가 핸들을 잡고 용감하게 시운전을 나섰다.

집 근처 코스로 어찌어찌 잘 돌았다. 가족 간에 운전은 가르치고 배우는 게 아니라는 세간의 불문율을 우리 부녀도 약하게나마 확인해야 했다. 내가 지시 사항을 당신 마음에 드는 속도와 방법으로 수행하지 못하자 천하 호인이신 아버지도 마지막엔 역정을 내셨다. 진입로인 아파트 입구까지 잘 들어왔다 싶어 안도하였더니, 베테랑도 어렵다는 주차 도중 브레이크 대신 엑셀을 밟아버렸다. 식목일에 나보다 더 나이가 많았을 아름드리나무를 해하고야 말았다. 마침 딱 목격하신 경비 아저씨께 백배

사죄했다.

나머지 등산, 장기, 배드민턴 그 셋이 현재 내 삶의 주축이 되어 있음을 부인할 수 없다. 소위 서혜주의 인생 삼락이다. 부지런한 교사였던 아버지는 일요일 오전에 쉬고 싶으셨을 텐데도 미취학 어린 자녀를 자전거의 앞뒤에 태워 대구 앞산을 가셨다. 얼마 걷지 않아 다리가 아프다느니, 힘이 든다느니, 가기 싫다느니, 배가 고프다느니 등 별별 이유들로 산행을 더디게 했을 아이들을 안기도 업기도 하며 끝끝내 정상까지 오르셨으리라. 바람막이를 세워놓고 버너를 켜 라면을 끓이기 전 커피 한 잔 물을 미리 빼놓으시고 달게 드셨던 기억이 난다. 내 후각엔 정사각형 붉은 색 맥심 커피의 향이 아버지와 동격으로 평생 남아 있는 듯하다.

장기판을 사이에 두고 마주 앉아 자주 장기를 두었다. 처음엔 현격한 실력 차이로 차와 포를 하나씩 떼고 두시다가 이윽고 수년이 흐른 뒤 내가 실력이 늘자 대등하게 두었다. "이제는 아버지하고 제대로 겨뤄봐도 되겠다. 실력이 일취월장했구나." 당신께 배운 수제자가 하산할 경지에 이르렀음에 자부심을 느끼셨나 보다. 아버지는 딸의 기를 살려주시느라고 일부러 져주신 적도 여러 번이다. 내기를 해서 진 사람이 냅다 뛰어 내려가 아이스크림을 사 오기도 하였다.

경북대학교 그 넓은 공터에서는 배드민턴을 땀 흘리며 쳤다. "셔틀콕을 끝까지 봐야 해. 낙하 지점을 예상해서 미리 손이 나가 있어야 한다구. 다리도 너무 많이 움직이지 말고 중심 잡고 잘 서서 최소한만 움직이고." 아버지 말씀을 듣고 공을 따라 종횡무진 순발력 있게 움직였다. 다년간의 이런저런 배움 덕분에 삶에서 잔잔한 호사도 누렸다. 대학교 4학년 교양 체육 과목에서 배드민턴을 20번 실수 없이 너끈히 받아 넘김으로써 A를 받게 되었고 졸업여행으로 오른 한라산에서 여학생으론 1등, 전체 3위로 등반 실력을 자랑했다. 체육과 조교의 전문적인 이론으로 무장하기 이전에 나는 이미 배드민턴 자세의 일부분이 체화되어 있어 시간을 벌었던 것이다. 아버지께 수업료를 한 푼도 내지 않은 무료였지만 값을 매길 수 없는 귀하디귀한 배움이었다. 나에게 다시 없을 신체적, 정신적 유산이 되었다. 아, 그리운 아버지……

공자님이 배움에 대해 말씀하셨단다.

학이시습지 불역열호(學而時習之 不亦說乎 배우고 때때로 익히면 이또한 즐겁지 아니한가).

현대의 교육은 각종 학원들에서 새로이 배우는 것만 많고 학생들 스스로 익히는 것은 줄어들었다고 한탄하는 교육 전문가의 글을 읽은 적이 있다. 수학 선생님이셨던 아버지와의 공조로 나는 고등학교 2학년 여름 방학 한 달 사이 학교 도서관에서 미분과 적분을 혼자 뗐고, 고3 시절 수학 공부 비중을 제일 크게 두었다. 매일 갱지 무지 연습장에 번호를 매겨가며 빽빽하게 문제를 풀며 익혔던 기억이 새롭다. 나의 수학 사랑은 미간은 심히 넓으나 섬섬옥수로 원을 완벽하게 그리시던 수학 선생님을 사모하여 가일층 깊어졌다. 매 수업 후면 미리 준비한 질문거리를 들고 따라 나가 복도 창가에서 선생님께 딱 붙은 채 질문을 하곤 했었다.

배움에 임하는 자세가 중요하게 생각된다. 모름지기 겸허하고 겸손하게 그리고 신나고 재미있게 배울 일이다. 모든 배움은 그 자체로 숭고하고 순수한 것. 몰랐던 것을 배우면 앎은 따라 오는 것이고, 욕구 충족을 논하기 이전에 그 자체로 기쁘고 행복감을 느낀다. 인간은 지적 호기심을 본능으로 가진 동물이므로.

인생은 곧 끝도 없는 배움의 과정이다. 배움이 멈출 때 성장도 멈추고 생도 멈출 것이리라. 유태인은 배움에 대한 탐구로 책 읽는 기쁨과 재미를 가지라고 어린 자녀들에게 탈무드 책의 가장자리에 꿀을 발라둔다고 한다. 한 장 한 장 넘길 때마다 달콤한 맛과 함께 배움에 대한 깊이도 깊

어진다. 오늘날 지혜와 부의 상징이 된 민족이 된 데에는 다 이유가 있

다. 배움에 왕도는 없다.

4

공명 : 우리는 하나로 울려요

/

행복은 미덕의 보상이 아닌, 미덕 그 자체다.
— 바뤼흐 스피노자

몇 년 전 EBS의 실험 방송이 생각난다. 횡단보도 앞에 한 사람이 허공 한곳을 응시하며 서 있다. 주변인들은 처음에는 그 사람의 행동을 크게 인식하지 못한다. 그 옆에 또 한 사람이 같은 행동을 취한다. 그때까지도 큰 반응은 없다. 한 사람이 더 추가되어 세 사람이 삼각구도를 이루며 한 곳을 바라보는 동작을 취하자 상황이 달라졌다. 길 가던 사람들 한두 사람이 그들에게 관심을 갖기 시작했고 그들과 동조하여 막연한 곳을 따라서 쳐다본다. 숫자 3의 의미와 집단의 힘이자 공명을 보여주는 좋은 사례이다.

"서혜주 트레이너님 어디 계세요?"

1시간의 힐링 타임 중 예외 없이 초반 15분 이내에 잠에 빠진 그녀였다. 차렵이불을 배 쪽으로 덮어주고 나와 내 자리에 앉아 있었다. 이완된 고객님이 잠에 빠지면 트레이너가 할 일이란 딱히 없다. 고객 파일을 보며 메모를 하고 있는데 좀 전 그녀가 방문을 열고 나오는 소리가 들려 밖으로 나갔다. 둘이 편안한 소파에 나란히 앉았다.

"좀 어떠셨어요?" 내가 물었다.

"네, 너무 개운하게 잘 잤습니다. 저는 제 곁에 트레이너님이 계속 계신 줄 알았는데 아니던데요? 언제 나가셨던 거예요?"

"네에, 워낙 이완이 잘되는 체질이기도 하시고 금방 잠이 드시길래 이불 덮어드리고 살짝 나왔지요."

"아, 그러셨어요? 저는요, 트레이너님이 저를 계속 힐링해주고 계신 줄 알았어요. 어머, 지금 생각하니 제 몸이 자가 힐링이 되었던 모양이네요? 정말 신기해요."

그랬다. 내가 CST(CST:Cranial Sacral Therapy 두개천골요법) 기법

으로 타인의 몸을 터치하면 이쪽에서 보내는 에너지의 느낌과 그들이 받은 후 들려주는 느낌은 또 달랐다. 신기하게도 둘이 완전히 통하듯 비슷한 느낌일 때도 있고 개인에 따라 받는 느낌이 더욱 깊어 나의 느낌이 증폭되는 경우도 많았다. 지금이 그러한 경우인데, 오랜 명상과 수행으로 스스로가 힐링에 일가견이 있는 분이 '자가힐링'이란 단어를 쓰다니 말이다. '아, 에너지는 눈에 보이지는 않지만 실제 살아 움직이는 것이지.' 그 순간 에너지 공명이 일어난 것으로 보인다. 공명이란 '양자 역학에서 입자끼리의 충돌로 생기는 에너지의 총량이 복합 입자의 에너지 준위와 일치하는 곳에서 단면적 에너지의 극대가 나타나거나 새로운 복합 입자가 생김. 또는 그런 현상'으로 정의되기도 한다.

한 시간 전 편안한 수련복으로 갈아입은 그녀가 힐링 룸으로 들어갔다. 익숙한 몸놀림으로, 바닥에 미리 준비해놓은 일자형 방석 두 개를 십자 모양으로 만나게 해놓은 자리에 누웠을 것이다. 이제 사전 기도를 마친 내가 들어가 그 머리맡에 선다. 사람을 만나기 전 나의 세 가지 기도 사항은 몇 달 전 2박 3일에 걸쳐 만 배를 한 후에 마음속에서 올라온 메시지이기도 하다. 당시 금, 토, 일 3일간 큰 기운을 모으자며 도반 몇 명이 함께 시작했다. '의통된 힐러가 되게 해주십시오.' 하는 사전 기도를 올렸다. 배가 불러와 수련에 방해가 될 수 있는 곡기 섭취는 당연히 지양하고 대신 죽염 등으로 몸의 상태를 조절해가며 했다.

예상대로 총 48시간이 걸렸다. 육체의 힘은 빠졌으나 내기가 폭발하는 느낌이었고 눈빛이 형형해졌다. 눈을 감은 상태에서 인당에 떠오르는, 직후에 일일이 기록해둔 각종 영상 체험이 경이로웠다. 중·고등학교 시절 과학 교과서의 앞부분 칼라 화보에서 보았던 염색체니 미뢰니 적혈구니 하는 것들이 절 수련 내내 파노라마처럼 지나갔다. 마쳤을 때 뜨끈한 미역국을 들이키며 상단전이 열렸다는 피드백을 받았다. 손은 늘 따뜻함을 유지했고 그 자체로 의수가 된 것 같았다. 이후 사람을 리딩하거나 힐링하는 능력이 놀랄 만큼 좋아졌다. 한 5분 고요히 집중하면 내 앞 사람의 아픈 장기와 부위가 눈앞에 그대로 떠올랐다. 그런데 이것은 특별한 사람만이 할 수 있는 것이 절대 아니다. 욕심을 내린 순수한 마음과 하늘에 감사한 마음으로, 일심으로 수행하다 보면 어느 새 하늘과 통하게 되어 있다.

세 가지 기도 중 첫 번째는, 힐링의 사전과 사후가 분명히 차이가 있게 존재한다. 둘째, 사후가 사전보다 당연히 좋아진다. 셋째, 내 앞에 누워 있는 사람의 평화를 바란다. 내가 1시간을 귀한 한 존재와 만날 때, 그의 모든 것—감정, 생각, 에고 등—에도 불구하고 이 순간만큼은 그의 마음에 평화가 깃들라 하는 것이 하늘로부터 내려오고 내 마음과도 합치된 바람인 것이다. 하고많은 단어 중 평화였는데 지금 생각에도 평화 이상의 단어는 없다. 그런데 저 세 가지가 더 잘 이루어지기 위해 선행되어야 할 것은 평상시 스스로를 갈고 닦아 거울처럼 맑은 상태로 해놓아야 한다는 거다. 그래야, 내가 거울이어야 눈앞의 상대가 잘 읽히고 보이는 것은 자명한 이치다.

고객은 방석 위에 편안히 누워 양손을 자연스럽게 벌린다. 그렇지 않은 경우 말로 안내를 한다. 이어 나는 발치께로 가 천천히 두 손으로 상대의 발목을 잡고 가볍게 좌우로 흔들며 균형을 맞춘다. 좌우 다리 길이가 다르거나 대칭이 되지 않는 사람이 많은데 저 행위를 통해 쉽게 발견된다. 발목을 흔들다가 잠시 멈추어보기도 한다. 그때 손을 통해 전해오는 미세한 진동을 느낀다. 시종일관 눈으로 상대의 몸 상태를 살펴야 하지만 잠시 눈을 감을 필요가 있을 때가 있다. 아니, 절로 감긴다는 표현이 맞을까? 내부 의식으로 들어가 더 잘 느끼기 위함이다. 고객은 나에게 모든 것을 맡기고 누워 있는, 무방비 상태의 어린아이 같다. 그가 아무런 저항도 없이 무장해제한 상태로 누워 있다는 것은 역으로 나에게 모든 것이 달려 있고 지금 이 순간이 온전히 내 책임임을 뜻한다. 그런데 지금 행하는 행위는 당장의 심신상의 영향뿐이 아니라 향후 어느 시점 까지의 선한 영향력도 분명히 내포한다. 그것이 CST에서 참으로 신묘막 측하고 지극히 고마운 부분이다. 세 가지 기도 후 고객을 만날 때 내 가 슴은 사랑으로 충만해진다. 한 지구인에게 이 순간 줄 수 있는 모든 것을 행하리라.

다리 부분이 어느 정도 정리가 되었다고 느껴지면 이제 본격적으로 머 리맡으로 자리를 옮긴다. 양손을 머리 밑으로 넣기 위해 고객의 머리를 살짝 들어올리는데 거의 압력이 느껴지지 않을 정도의 강도여야 좋다. 머리 밑, 그러니까 뒷목 머리털과 목이 만나는 지점쯤에 내 열 손가락이 오게 한다.(보다 정확하게는 손바닥 쪽 손가락 끝 십전혈이 닿게 한다.)

그렇게 가만히 있으면, 미세함을 느낄 때 또 한 번 눈을 감고 느끼며 한 5분 정도 있으면 무언가 느낌이 온다. 이 CST의 원리는 뇌척수액을 사람 의 손으로 운용한다고 보는 것이다. 상대의 머리 밑부분으로 뇌척수액이 흐르고 있는데, 손을 대고 집중하면 그 미세한 움직임이 유독 잘 느껴진 다. 평균보다 빨리 움직이는 사람은 나와의 접촉으로 평균 속도로 늦춰

지고 빈맥인 듯 거의 안 느껴지는 사람은 평균 속도로 올라오는 것을 느끼고 체험한다. 이는 실로 특별한 경험이며 1:1의 고유한 느낌이 그렇게 소중할 수가 없다.

힐링의 종류가 다양해서 직접 손이나 발 등의 신체로 사람을 터치하는 경우도 있고, 소위 에너지 힐링이라 하여 최소한의 물리적인 힘만으로 좋은 변화를 가져오기도 한다. 미국에서 CST란 학문을 들여온 김선애님이 책 서문에 "CST는 사람과 사람 사이의 가장 아름다운 접촉"이라 쓴 말이 참 마음에 든다. 모름지기 진리는 단순한 것이어서, 그 짧은 문장만큼 전체를 아우르는 것이 없어 보인다.

10여 년 수련을 해오던 중에 귀한 기회로 나에게 사람을 살리는 천부적인 재능이 있음을 발견하게 되었다. 내 힐링력을 알아보라는 명을 받고 나를 만났던 감사한 인연의 트레이너는, 나에게 세 가지를 말해주었다. "당신은 하늘로부터 타고난 천부적인 재능이 있습니다. 제대로 배우면 대한민국 최고가 될 겁니다.", "(자기는 해도 해도 터득이 안 되더라는 CST 책을 선물로 주더니 다음 날은) 책 보지 말고 스스로 느낌 가는 대로 하십시오."라고. 아, 그때의 감동을 어찌 잊을 수 있으랴. 감사하고 벅

찬 마음에 뜨거운 눈물이 흘렀다. 그 트레이너를 힐링하는 중에 그녀의 감정—당장 울고 싶은 느낌으로 자리에서 벌떡 일어나게 된—이 고스란히 느껴져 왔던 것은 사람과 사람 사이에 최고로 바라는 진정한 소통이 아닐는지.

누구나 한 가지씩의 재능은 타고난다고 한다. 주변 사람들을 보면 맞는 말 같다. 하는 일이 적성에 맞으면 얼마나 다행한 일인가. 그렇지 않으면 평생 찾아 헤매느라 방황의 시간을 보내게 된다. 철저한 준비나 대책이 약하고 직관대로 느낌대로 사는 편인 나는 오랜 옛말인 '제 먹을 것은 타고난다'는 말을 여전히 믿는다. 자기 고유의 것을 잘 찾아 계발하면 무한경쟁 시대라는 오늘날 치열한 경쟁이 불필요할 수도 있겠다. 에너지는 무한해서 나의 꿈과 너의 꿈이 100%에 가깝게 유사하더라도 서로 상치되지 않게 잘 살 수 있는 것 같다. 같은 의사도, 같은 변호사도 더욱 세세한 전문 분야가 있듯이 힐러도 그만의 고유한 달란트가 있다. 살면서 남을 부러워해본 적이 별로 없다. 세상은 공평하다는 말이 진리인지, 이 사람은 이것을 잘하면 저것에는 좀 취약했고 저 사람은 그것이 능하면 요것은 좀 부족했다. 다 가진 듯 보이는 사람도 속사정이 있었다. 모든 사람들이 하늘로부터 받은 고유의 능력을 사명으로 여겨 한평생 일과 사랑 속에서 홍익하며 행복하기를 바란다. 지천명 이전에 발견한 고마운 내 능력을 인간의 최대 수명인 120~125세까지 연마하며 잘 써보련다.

5

성장 : 멈추기 전까지 끝 모르고 자람

/

행복은 미덕도 기쁨도, 이것도 저것도 아니라 오로지 성장이다.
우리는 성장할 때 행복하다.
– 윌리엄 버틀러 예이츠

"잘 커라."

설 명절에 아이들과 함께 부모님을 찾아뵈면 세배로 큰절을 받으신 연후에 세뱃돈을 주시며 덕담으로 자주 하시던 말씀이다. 잘 커라. 잘 크라는 이 짧은 말이 새삼 얼마나 크고 사랑스럽게 느껴지는지. 아직 완성되지 않았고 따라서 무한히 클 수 있는 여지가 있다는 뜻이다. 3음절 '잘 커라'는 풀어 쓰면 '해님과 물과 바람과 신체적, 심적, 정신적, 인간적 양분 등등의 도움으로 무럭무럭 잘 자라라'는 의미이다.

만물은 태어난 이상 성장한다. 동물도 식물도. 성장이 멈춘다는 것은 곧 죽음을 뜻한다. 노화도 성장의 일부분임에랴. 내 키 요량하고는 아이들 키가 큰 편이다. 선방했다. 다소 더딘 키 성장을 보이던 아들이 중학생일 때였나 보다. 이상적인 신장인 180cm의 벽을 넘겨보자 하여 성장판을 자극해 키 크는 주사와 약을 쓰는 상담을 받은 적이 있다. 어느 정도 예상은 했지만 금액이 턱없이 비쌌다. 포기하였는데 그다음 1~2년 사이 7~8cm가 훌쩍 커버렸다. 현재 3cm 모자라는 177cm이다. 딱 좋다. 두 딸도 165cm 전후다. 보기에 너무 좋다. 다 함께 길을 나서면 그렇게 든든할 수가 없다.

인간은 누구나 성장에 대한 욕구가 있다. 영양분을 섭취하여 육체적으로 성장하는 것 외 마음/혼/넋/기운(에너지)의 성장, 정신/의식/영의 성장에 대해 마음을 둘 필요가 있겠다.

절 수련을 꾸준히 하면서 혹은 단전치기를 하면서 장운동을 하면서 혹은 운기복뇌공을 하면서 플랭크를, 스쿼트를, 푸쉬업을 하면서 몸에 좋은 변화를 느낀다. 몸이 그것들을 좋아함을 느낀다. 정성이 어느 정도 쌓이고 근육이 붙었다는 소리다. 몸이 정돈되는 느낌. 그럴 때 수행에 대해

후퇴하고 싶지 않다는 마음속 소리가 올라온다. 이전까지의 수행도를 그래프로 그리면 계단식 그래프일 터이다. 고무줄의 회복 탄력성을 스스로를 통해 꼭 확인을 할 필요는 없을 텐데 갔다가 돌아오기를 반복하고 1보 전진을 했다 싶은데 2보 후퇴를 일삼았다. 열차의 1등 칸으로 나아가지 않고 타고 있음에만 만족한 채 말이다. 새로운 각오가 헛되지 않게 이제부터 쉼 없이 후퇴 없이 한 발 한 발 나아가는 우상향 직선이길 바라게 된다. 그렇게 21일을 꾸준히 하면 뇌에 회로가 생겨 지속적으로 이어가기가 쉽단다.

의식의 성장에 대해서는 어제보다 나은 나를 확인하기 위한 대상이 필요하다. 사회화의 1차 단위는 주지하듯 가정이다. 남녀가 혼인하여 이룬 가정에서 자녀가 태어나면 그 어리보기 남녀는 졸지에 부모란 이름을 갖게 된다. 인생에 연습은 없다. 비슷해 보이는 일이지만 모든 일이 처음 있는 일. 부모와 자식이라는 생애 최고로 중요한 관계 앞에서 우리는 공부가 필요하다. 그런데 많은 공부가 그러하듯 시작에 앞서 기초 상태를 살펴볼 필요가 있겠다. 부모 되기에 앞선 기초공사란 원가족 속에서 정립된 나의 정체성을 잘 인지하는 일에서부터 출발하리라. 결혼하는 남녀가 부모로부터 받은 이러저러한 정신적 유산들에 대한 정리가 되어 있지 않으면 그것을 자녀대로 대물림하기가 쉽다. 내 안의 내면 아이를 잘 돌보아주지 않으면 나는 몸만 큰 어른으로 정작 내 아이를 맞을 때 참 어른이 되기 어려울 것이다. 이는 장기간 두 관계가 힘들게 되는 근본 요인이 된다.

부모는 자신의 어린 시절을 떠올려보거나—그러나 여기서 '라떼 타령'의 꼰대 근성이 나오는 것은 금물이다— 그것이 어렵다면 적어도 육아 관련 서적으로 내 아이를 이해하려는 노력은 필요하리라. 아이의 공격성을 감내하고 그 공격성을 긍정적인 방향으로 승화시키는 방법을 함께 모색하여 건강하고 바른 성장을 도와야 할 것이다. 그러기 위해서는 부모가 진정한 어른이 되어야 함이 필수불가결한 요건이다. 모름지기 부모는 자식의 의식 성장보다 앞서 나가지는 못할망정 중단 없는 전진으로 부지런히 도야해서 뒤처지지는 말아야겠다.

나의 성장에 너의 희생이 따라야 한다면 참 성장이 아닐 것이다. 성장은 나와 더불어 너도 함께 성장해야 한다. 동반성장이다. 동시동탁이란 말이 있다. 병아리가 부화할 때 알 안에서는 병아리가 밖을 향해 쪼고 같은 곳을 어미 닭이 밖에서 쪼는다는 의미다. 서로 시기가 맞지 않으면 생명은 탄생할 수 없다. 성장은 그렇게 동시에 찰나지간에 일어나는 것이다.

격년에 한 번씩 국가 검진을 받으면 키가 점점 줄어든다. 약간만 무거운 것을 들라치면 삭신이 쑤시고 척추가 내려앉는 느낌이다. 아아, 몸은 그렇다 하더라도 마음은 몸이 있는 한 쭉쭉 성장하기를…….